Sagen Sie „Ja" zur Liebe

Wie Offenheit Beziehungen verändert

Hernandez Adam

INHALTSVERZEICHNIS

Kapitel 1: Verletzlichkeit akzeptieren

Einführung

Es gibt einen guten Grund, warum „Verletzlichkeit" vielen von uns Unbehagen bereitet: Wir haben oft das Gefühl, mitten in einem Raum voller Menschen ohne Schutz zu stehen. Aber in Beziehungen ist es gerade die Verletzlichkeit, die Barrieren abbaut und Vertrauen aufbaut. Indem wir uns erlauben, trotz aller Unsicherheiten wirklich gesehen zu werden, laden wir zu einem tiefen Gefühl der Nähe ein.

In diesem Kapitel werden wir untersuchen, wie die Akzeptanz von Verletzlichkeit unsere Beziehungen verändern kann. Wir werden sehen, dass es nicht nur darum geht, unsere intimsten Gedanken preiszugeben, sondern auch darum, Mut, Mitgefühl und Vertrauen zu kultivieren. Lehnen Sie sich also zurück und tauchen Sie ein in die Reise, Verletzlichkeit zu akzeptieren.

Der Mut, gesehen zu werden

- Verletzlichkeit verstehen

Verletzlichkeit wird manchmal mit Schwäche verwechselt, aber in Wirklichkeit ist es genau das Gegenteil. Verletzlichkeit ist die stille Kraft, die es uns ermöglicht, authentisch zu sein und ohne Ansprüche zu teilen. In Beziehungen ermöglicht es uns, unsere Mauern einzureißen und eine sinnvolle Verbindung zueinander herzustellen.

Stellen Sie sich ein Gespräch mit Ihrem Partner vor, in dem Sie über einen persönlichen Kampf oder eine persönliche Angst sprechen. Zuerst fühlen Sie sich möglicherweise nervös oder sogar entblößt und fragen sich, ob sie Sie wirklich verstehen werden. Aber durch das Teilen laden Sie sie ein, sich auf eine tiefere Art und Weise mit Ihnen zu verbinden, über die Oberfläche hinaus. Verletzlichkeit macht eine Beziehung von höflicher Kameradschaft zu tiefer Partnerschaft.

- Emotionale Intimität schaffen

Der Zauber der Verletzlichkeit liegt darin, wie sie Intimität aufbaut. Wenn Sie etwas Rohes oder Reales teilen, hat Ihr Partner ein Fenster in Ihre innere Welt. Diese Öffnung bringt Sie nicht nur näher; baut emotionale Intimität auf, eine Grundlage, die dafür sorgt, dass sich Beziehungen sicher und lohnend anfühlen.

Stellen Sie sich vor, dass Sie und Ihr Partner jeden Tag kleine Akte der Verletzlichkeit üben: Teilen Sie mit, wofür Sie dankbar sind, worüber Sie sich Sorgen machen oder wovon Sie träumen. Diese Momente der Offenheit verbinden sich und schaffen eine starke Bindung, die es Ihnen beiden ermöglicht, sich wirklich verstanden zu fühlen.

- Übung: „Öffne dich, Schritt für Schritt"

Wenn Sie neu im offenen Teilen sind, beginnen Sie mit kleinen Schritten. Wählen Sie jede Woche etwas Sinnvolles aus, das Sie Ihrem Partner mitteilen möchten. Es könnte sich um die Sorge um ein bevorstehendes Projekt, eine schöne Erinnerung oder ein langfristiges Ziel handeln. Wenn Sie dies konsequent tun, werden Sie feststellen, dass es einfacher wird, verletzlich zu sein und Ihre Beziehung wird stärker.

Verwandle Angst in Stärke

- Überwinden Sie die Angst vor Ablehnung

Die meisten von uns halten sich aus Angst zurück, dass Verletzlichkeit zu einer Verurteilung oder sogar Ablehnung führen könnte. Aber hier ist die Wahrheit: Eine echte Verbindung erfordert, dass wir dasselbe Risiko eingehen. Wenn wir uns für Verletzlichkeit entscheiden, zeigen wir unserem Partner, dass wir ihm unser authentisches Selbst anvertrauen, ein Geschenk, das gegenseitigen Respekt und Loyalität aufbaut.

Um sich der Verwundbarkeit furchtlos zu nähern, beginnen Sie mit kleineren Offenlegungen. Mit der Zeit werden Sie feststellen, dass die Akzeptanz Ihres Partners diese Angst tatsächlich zerstreut und es Ihnen ermöglicht, noch tiefer zu gehen. Verletzlichkeit wird leichter, wenn wir erkennen, dass wir oft mit Freundlichkeit damit umgehen.

Resilienz durch Offenheit aufbauen

Mit der Praxis der Verletzlichkeit geht eine besondere Widerstandsfähigkeit einher. Jedes Mal, wenn wir offen mitteilen und mit Mitgefühl aufgenommen werden, stärken wir die Stärke der Beziehung. Offenheit baut Vertrauen auf, so wie

Muskeln wachsen, wenn sie beansprucht werden. Dadurch werden wir weniger vorsichtig und akzeptieren einander mehr.

Mit der Zeit fällt es Ihnen und Ihrem Partner leichter, über sensible Themen zu sprechen oder zuzugeben, dass Sie Schwierigkeiten haben. Diese gegenseitige Offenheit stärkt nicht nur Ihre Bindung, sondern sorgt auch dafür, dass Sie sich in Ihrer Beziehung sicherer fühlen.

- Übung: „Tagesaufzeichnung"

Versuchen Sie, sich jeden Tag nur fünf Minuten Zeit zu nehmen, um etwas zu erzählen, was Sie aneinander schätzen oder was Sie herausgefordert hat. Diese einfache Angewohnheit trägt dazu bei, die Verletzlichkeit im Alltag lebendig zu halten und ermöglicht es Ihnen, in Verbindung zu bleiben, egal wie hektisch das Leben wird.

Kapitel 2: Aktives Zuhören und Empathie

Beziehungen entstehen durch unzähligen Austausch, von alltäglichen Gesprächen bis hin zu wichtigen, bedeutungsvollen Gesprächen. Aber nicht jede Kommunikation ist gleich. Die Art und Weise, wie wir zuhören und reagieren, kann uns näher zusammenbringen oder eine subtile Distanz schaffen. Dieses Kapitel befasst sich mit der Kunst des aktiven Zuhörens: Wir interagieren wirklich mit unserem Partner auf eine Weise, die ihm das Gefühl gibt, verstanden und wertgeschätzt zu werden. Außerdem wird untersucht, wie Empathie, die Fähigkeit, die Gefühle einer anderen Person zu verstehen und zu teilen, selbst die einfachsten Interaktionen in Momente echter Verbundenheit verwandeln kann. Lassen Sie uns also zur Ruhe kommen und entdecken, wie diese Praktiken unsere Beziehungen vom Alltäglichen zum Außergewöhnlichen heben können.

Hören Sie unbeschreiblich zu

- Hören Sie präsent zu

Wir denken oft, dass wir gute Zuhörer sind, nicken und murmeln gelegentlich „uh-huh", während unsere Gedanken zur To-Do-Liste von morgen wandern. Aber um in einem Gespräch präsent zu sein, braucht es noch etwas mehr. Stellen Sie sich vor, Sie sitzen nach einem langen Tag mit Ihrem Partner zusammen. Sie beginnen, Ihnen von einem schwierigen Meeting oder einem stressigen Ereignis zu erzählen. Dein Job? Hören Sie nicht nur auf die Worte, die sie sagen, sondern auch auf das, was sich darunter verbirgt. Präsent zu sein bedeutet, sich voll und ganz darauf einzulassen, Ablenkungen loszulassen und sich ganz auf sie zu konzentrieren.

Wenn wir auf diese Weise zuhören, vermitteln wir, dass sie uns wichtig sind und dass ihre Erfahrungen wichtig sind. Manchmal bedeutet das, das Bedürfnis loszulassen, Dinge zu reparieren oder Ratschläge zu geben. Es geht darum, mit aller Körpersprache zu sagen: „Ich bin hier bei dir, ich verstehe." Kleine Handlungen wie das Aufrechterhalten des Augenkontakts, das Weglegen des Telefons und sogar das Spiegeln Ihrer Körpersprache können dabei helfen, dieses Gefühl der Präsenz zu entwickeln.

Stellen Sie sich aktives Zuhören als eine Auseinandersetzung mit dem Moment vor. Das kann bedeuten, ab und zu zu nicken, das Gehörte zu wiederholen oder einfach anzuerkennen, was jemand sagt, ohne voreilige Schlüsse zu ziehen. Anstatt zum Beispiel zu sagen: „Ich weiß genau, was Sie meinen", was vielleicht abwertend wirkt, sagen Sie lieber: „Ich verstehe, dass das wirklich schwierig sein würde" oder „Erzählen Sie mir mehr darüber." Diese Antworten zeigen Offenheit und geben Ihrem Partner das Gefühl, mehr mitzuteilen.

- Lesen Sie zwischen den Zeilen

Manchmal liegt die wahre Bedeutung dessen, was jemand sagt, unter der Oberfläche verborgen. Worte vermitteln nur einen Teil der Geschichte; Tonfall, Mimik und Körpersprache sagen oft den Rest. Stellen Sie sich vor, Ihr Partner sagt: „Mir geht es gut", aber mit verschränkten Armen, angespannten Schultern und gebrochenem Ton. Die Worte sagen vielleicht „gut", aber alles andere sagt das Gegenteil.

Zwischen den Zeilen zu lesen bedeutet, diese Signale wahrzunehmen. Es erfordert, dass wir auf die Emotionen achten, die hinter den Worten stecken. Beispielsweise fühlt sich ein Partner, der häufig sagt, dass er sich bei der Arbeit „überfordert" fühlt, möglicherweise nicht unterstützt oder nicht wertgeschätzt. Stellen Sie freundliche, offene Fragen: „Es hört sich an, als ob Sie viel tragen würden. Gibt es etwas, das es einfacher machen würde?": Sie zeigen, dass Sie im Einklang mit ihren tiefsten Bedürfnissen sind.

Es geht nicht darum, zu raten oder Annahmen zu treffen, sondern vielmehr darum, offen für die zugrunde liegenden Ebenen des Gesprächs zu sein. Diese Sensibilität kann uns helfen, unsere Partner besser zu verstehen und ihnen das Gefühl zu geben, gesehen und nicht nur gehört zu werden.

- Übung: die 5-minütige Pause

Um Präsenz zu üben, nehmen Sie sich jeden Tag nur fünf Minuten Zeit, um Ihrem Partner wirklich zuzuhören. Keine Telefone, kein Fernseher, kein Multitasking – nur fünf Minuten ungeteilte Aufmerksamkeit. Ermutigen Sie sie, ohne Unterbrechungen oder Ratschläge von Ihnen mitzuteilen, was ihnen gerade durch den Kopf geht. Diese kleine Praxis schafft eine Vertrauensbasis und zeigt, wie es sich anfühlt, vollständig gehört zu werden.

Einen sicheren Raum für den Ausdruck schaffen

- Geben Sie den Ton für die Eröffnung an

Vertrauen in Beziehungen wird oft in den schwierigsten Gesprächen aufgebaut, in denen unsere Abwehrkräfte wachsen und die Emotionen hochkochen. Einen sicheren Raum für diese Momente zu schaffen bedeutet, Offenheit aktiv zu fördern, auch wenn es unangenehm ist. Stellen Sie sich Folgendes vor: Ihr Partner kommt nach einem Streit mit einem Freund sichtlich verärgert und frustriert nach Hause. Anstatt ihre Gefühle abzutun oder ihnen schnelle Ratschläge zu geben, schaffen Sie einen Raum, in dem sie sich frei fühlen können, sich auszudrücken. Sie könnten sagen: „Ich bin hier, um Ihnen zuzuhören, wenn Sie darüber sprechen möchten" oder „Das klingt hart." Möchtest du mir mehr erzählen?

Einen Eröffnungston zu schaffen, beginnt oft damit, dass man sein Urteilsvermögen loslässt. Es ist verlockend zu sagen: „Das hättest du tun sollen…" oder „Warum nicht…?" aber diese Sätze mögen kritisch erscheinen. Stattdessen ermöglicht eine einfache, ruhige, empfängliche Präsenz Ihrem Partner, seine Gefühle zu verarbeiten, ohne das Gefühl zu haben, dass sie falsch liegen.

Indem Sie diesen nicht wertenden Raum bieten, geben Sie Ihrem Partner nicht nur das Gefühl, bestätigt zu werden, sondern ermutigen ihn auch, sich in zukünftigen Gesprächen zu revanchieren. Mit der Zeit baut diese Art der Offenheit Vertrauen auf, sodass Sie beide leichter Bedenken äußern können, ohne Angst vor Konflikten haben zu müssen.

- Fördern Sie einen offenen Dialog

Ein offener Dialog bedeutet nicht, in allem einer Meinung zu sein oder schwierige Themen zu meiden; Es bedeutet, ein Umfeld zu schaffen, in dem sich beide Partner sicher fühlen und ihre Gedanken und Sorgen äußern können. Es kann hilfreich sein, eine regelmäßige Zeit für Check-Ins oder „nicht wertende" Gespräche festzulegen. Manche Paare finden es hilfreich, eine wöchentliche Check-in-Zeit festzulegen, bei der beide Partner ungestört ihre Gedanken äußern können.

Nehmen wir zum Beispiel an, es gibt ein wiederkehrendes Problem, etwa die Bewältigung gemeinsamer Verantwortlichkeiten oder den Ausgleich gesellschaftlicher Verpflichtungen. Legen Sie bei Ihrem wöchentlichen Check-in fest, dass dies eine „urteilsfreie Zone" sein soll. Beginnen Sie damit, jede Person dazu aufzufordern, ihre Gefühle mitzuteilen, ohne sich zu unterbrechen oder zu verteidigen. Das mag zunächst unangenehm erscheinen, aber mit der Zeit wird es Ihnen helfen, Probleme offen anzusprechen, ohne defensiv oder kritisch zu werden.

Praktiken wie diese schaffen ein Sicherheitsnetz in Beziehungen, in dem beide Partner das Gefühl haben, dass sie ihr ganzes Selbst an den Tisch bringen können. Wenn wir wissen, dass sie uns respektvoll zuhören, ist es wahrscheinlicher, dass wir ehrlich zu unseren Bedürfnissen und Gefühlen sind und Missverständnisse in der Zukunft vermeiden.

- Übung: Wochenprotokoll

Legen Sie jede Woche einen bestimmten Tag als Ihren „Check-in-Tag" fest. Nehmen Sie sich 15 bis 20 Minuten Zeit in einer angenehmen Atmosphäre, in der Sie offen und ehrlich sprechen können. Beginnen Sie mit einer einfachen Frage: „Wie läuft es?" oder „Was hast du diese Woche gedacht?" Lassen Sie jede Person ohne Unterbrechung etwas sagen und antworten Sie dann abwechselnd nachdenklich. Diese offenen, regelmäßigen Dialoge machen es einfacher, Ihre Beziehung gesund und verbunden zu halten.

Der Vorteil von Empathie

Aktives Zuhören und Empathie sind Gaben, die jede Beziehung verändern können. Indem Sie Präsenz üben, zwischen den Zeilen lesen und einen sicheren, offenen Raum für den Ausdruck schaffen, verbessern Sie nicht nur die Kommunikation, sondern legen auch eine solide Grundlage, die auf Vertrauen und gegenseitigem Verständnis basiert. Beziehungen gedeihen, wenn beide Partner das Gefühl haben, gehört, verstanden und geschätzt zu werden. Bei Empathie geht es nicht darum, perfekt zu sein oder immer einer Meinung zu sein; Es geht darum, aufzutauchen, bereit zu sein, etwas zu verstehen, und sich die Mühe zu machen, eine echte Verbindung herzustellen.

Kapitel 3: Die Macht der Verletzlichkeit

Wenn die meisten Menschen an Verletzlichkeit in Beziehungen denken, stellen sie sich oft ein Gefühl der Rohheit vor, etwas, vor dem wir uns schützen müssen. Es ist leicht, Verletzlichkeit als Schwäche zu betrachten, als einen Moment der Entblößung, der uns Ablehnung, Schmerz oder Missverständnissen aussetzen könnte. Aber hier ist die Wendung: Verletzlichkeit ist eine der stärksten Kräfte für den Aufbau von Verbindung und Intimität. Es ist die Schlüsselzutat, die es der Liebe ermöglicht, über oberflächliche Interaktionen hinaus zu wachsen und zu etwas Tieferem zu werden.

Wir werden die unglaubliche Stärke erforschen, die in der Verletzlichkeit liegt, wie man einen sicheren Raum für Verletzlichkeit schafft und wie die Akzeptanz dieser mächtigen Kraft Ihre Beziehung völlig verändern kann.

Auf den ersten Blick mag Verletzlichkeit so aussehen, als würden Sie Ihre Wachsamkeit verlieren, aber sie ist tatsächlich ein Werkzeug, um Stärke aufzubauen, sowohl einzeln als auch als Paar. Laden Sie Ihren Partner tief in sich ein und schaffen Sie so eine Grundlage aus Vertrauen, Intimität und gegenseitiger Unterstützung. Wenn Sie sich erlauben, verletzlich zu sein, zeigen Sie, dass Sie Ihrem Partner genug vertrauen, um ihn Ihr wahres Ich sehen zu lassen: das Gute, das Schlechte und das wunderbar Unvollkommene.

Aber seien wir ehrlich: Verletzlich zu sein ist nicht einfach. Es erfordert Mut, offen und ehrlich mit seinen Gefühlen, Ängsten, Unsicherheiten und Träumen umzugehen. Doch in dem Moment, in dem Sie zulassen, dass Sie sich sehen lassen, mit all Ihren Fehlern, geben Sie Ihrem Partner die Erlaubnis, dasselbe zu tun. Gemeinsam schaffen Sie einen Raum, in dem Sie beide real miteinander sein können und so den Grundstein für eine tiefere, bedeutungsvollere Verbindung legen.

Schauen wir uns also an, was Verletzlichkeit wirklich bedeutet und wie Sie sie nutzen können, um Ihre Beziehung zu verändern.

Verletzlichkeit als Stärke

- Der Mythos der Perfektion

Wir leben in einer Welt, die oft Wert auf Perfektion legt: perfekte Jobs, perfekte Körper, perfekte Beziehungen. Es ist leicht, sich unter Druck gesetzt zu fühlen, diese Standards zu erfüllen, insbesondere wenn es um unsere romantischen Beziehungen geht. Aber dieses Streben nach Perfektion kann eine Barriere zwischen uns und wahrer Intimität schaffen. Weil? Denn niemand ist perfekt. Jeder von uns hat Schwachstellen, Fehler und Ängste.

Denken Sie darüber nach. Wenn Sie ständig danach streben, vor Ihrem Partner perfekt zu sein, besteht die reale Gefahr, dass Sie eine falsche Version Ihrer selbst präsentieren – eine ausgefeilte, kontrollierte und letztendlich unverbundene Version dessen, wer Sie wirklich sind. Aber hier ist die Sache: Perfektion ist nicht das, wonach sich Ihr Partner sehnt. Was sie tief im Inneren wollen, bist du. Ihr authentisches Selbst, Unvollkommenheiten und alles. Wenn Sie sich verletzlich machen, laden Sie Ihren Partner in Ihre reale Welt ein, einen Ort, an dem er Sie so lieben und akzeptieren kann, wie Sie sind.

Verletzlich zu sein bedeutet nicht, jede Schwäche aufzudecken oder jedes private Detail Ihres Lebens zu teilen. Es geht darum, dass Ihr Partner Ihr wahres Ich sieht: die Person hinter der Rüstung, die Sie möglicherweise getragen haben. Und das macht dich nicht schwach. Tatsächlich erfordert es unglaubliche Kraft, die intimsten Gedanken, Gefühle und Ängste preiszugeben. Es erfordert Vertrauen und Mut, was letztendlich die Bindung zwischen Ihnen und Ihrem Partner stärkt.

In einer gesunden Beziehung ist Verletzlichkeit ein Werkzeug, das die Verbindung vertieft. Je mehr wir unser wahres Selbst zeigen, desto mehr erlauben wir unserem Partner, dasselbe zu tun. Diese Offenheit schafft Raum für tieferes Verständnis und Empathie, denn wenn wir unsere Schwachstellen teilen, zeigen wir unserem

Partner auch, dass wir ihm genug vertrauen, um gesehen zu werden.

- Bauen Sie Vertrauen durch Verletzlichkeit auf

Vertrauen ist die Basis jeder dauerhaften Beziehung. Aber Vertrauen entsteht nicht über Nacht: Es wird im Laufe der Zeit durch Taten, Worte und emotionale Transparenz kultiviert. Und eine der wirkungsvollsten Möglichkeiten, Vertrauen aufzubauen, ist Verletzlichkeit. Wenn Sie sich öffnen und etwas Persönliches mitteilen, zeigen Sie Ihrem Partner, dass Sie ihm Ihre Gefühle, Ihre Ängste und Ihr Herz anvertrauen. Dieser Akt des Teilens schafft ein Gefühl der Sicherheit und vertieft die emotionale Intimität.

Nehmen wir zum Beispiel an, Sie haben Angst vor einer Arbeitssituation, die außerhalb Ihrer Kontrolle liegt. Anstatt Ihre Gefühle zu verbergen oder so zu tun, als wäre alles in Ordnung, könnten Sie sagen: „Ich fühle mich von der Arbeit ein wenig überfordert und weiß nicht, wie ich damit umgehen soll." Dieses einfache Eingeständnis bietet Ihrem Partner die

Möglichkeit, Unterstützung anzubieten. Es ermöglicht ihnen, Sie nicht nur als romantischen Partner zu sehen, sondern als eine Person mit echten Emotionen, Kämpfen und Ängsten. Das schafft Vertrauen, weil Sie Ihre Deckung verlieren und ihnen Ihr authentisches Selbst zeigen.

Das Vertrauen wird jedes Mal gestärkt, wenn wir ein bisschen mehr über uns selbst preisgeben, sei es, indem wir Bedenken äußern, eine verborgene Angst offenbaren oder einfach zugeben, dass wir nicht alle Antworten haben. Wenn Sie beide sich mit der Zeit öffnen, wächst das Vertrauen in Ihre Beziehung. Und je verletzlicher Sie sind, desto verbundener und vereinter werden Sie als Paar sein.

Einen sicheren Raum für Verletzlichkeit schaffen

- Emotionale Sicherheit schaffen

Bevor wir die Verletzlichkeit in unseren Beziehungen vollständig akzeptieren können, müssen wir sicherstellen, dass wir uns emotional sicher fühlen. Verletzlichkeit bedeutet, Teile von uns selbst zu öffnen, die möglicherweise abgelehnt, beurteilt oder missverstanden werden könnten. Daher ist es wichtig, ein Umfeld zu schaffen, in dem sich beide Partner emotional sicher genug fühlen, um offen zu sprechen, ohne Angst vor Kritik oder Entwertung zu haben.

Emotionale Sicherheit ist kein Zufall; Es ist etwas, das beide Partner aktiv fördern müssen. Es geht darum, einen Raum zu schaffen, in dem sich beide Menschen gehört, unterstützt und akzeptiert fühlen, egal, was sie durchmachen. Wenn Sie sich bei Ihrem Partner emotional sicher fühlen, können Sie ohne zu zögern Ihre tiefsten Ängste, Hoffnungen und Träume mitteilen.

Wie können Sie also emotionale Sicherheit in Ihrer Beziehung fördern? Beginnen Sie damit, Respekt und Empathie zu zeigen. Wenn Ihr Partner sich öffnet, achten Sie darauf, mitfühlend zuzuhören, ohne voreilig zu urteilen oder die Situation in Ordnung zu bringen. Das Ziel besteht nicht darin, Lösungen anzubieten, sondern ein offenes Ohr und einen sicheren Raum für den Ausdruck zu bieten.

Es ist auch wichtig, sich Ihrer Reaktionen bewusst zu sein. Vermeiden Sie es, die Gefühle Ihres Partners zu kritisieren, abzutun oder herunterzuspielen. Bestätigen Sie stattdessen ihre Emotionen, indem Sie sie anerkennen und zeigen, dass Sie sie verstehen. Dies wird dazu beitragen, einen Raum zu schaffen, in dem Sie beide das Gefühl haben, Ihr wahres Selbst zum Ausdruck zu bringen, ohne Angst haben zu müssen, beurteilt oder missverstanden zu werden.

Setzen Sie Grenzen, während Sie verletzlich sind

Verletzlichkeit bedeutet nicht, alles auf einmal zu teilen, noch bedeutet es, jedes Detail Ihres Lebens preiszugeben. Bei Verletzlichkeit geht es darum, den richtigen Zeitpunkt zu wählen, um sich zu öffnen und sich seiner emotionalen Grenzen bewusst zu werden. Nur weil Sie verletzlich sind, heißt das nicht, dass Sie sofort alles preisgeben müssen.

Grenzen zu setzen und gleichzeitig verletzlich zu sein, ist ein wichtiger Aspekt der emotionalen Sicherheit. Dadurch können beide Partner das Tempo steuern, in dem sie ihre Gedanken und Gefühle mitteilen. Beispielsweise sind Sie möglicherweise nicht bereit, alle Details einer schmerzhaften Erfahrung aus Ihrer Vergangenheit zu teilen, können aber gerne über Ihren aktuellen emotionalen Zustand sprechen. Es ist in Ordnung, diese Grenzen zu setzen, und es ist in Ordnung, sie zu respektieren.

Es ist auch wichtig zu erkennen, dass sich Ihre Grenzen im Laufe der Zeit ändern können. Wenn Ihre Beziehung wächst und sich vertieft, fühlen Sie sich möglicherweise wohler, über Dinge zu sprechen, die Sie bisher verborgen gehalten haben. Aber denken Sie immer auch an die Grenzen Ihres Partners. Wenn sie nicht bereit sind, etwas zu teilen, respektieren Sie das und geben Sie ihnen die Zeit und den Raum, die sie brauchen.

Verletzlichkeit und Konfliktlösung

- Anfälligkeit für Meinungsverschiedenheiten

Eine der transformativsten Möglichkeiten, Verletzlichkeit in einer Beziehung zu nutzen, sind Konfliktzeiten. Seien wir ehrlich: Wenn wir uns mitten in einem Streit befinden, führt uns unser Instinkt oft dazu, uns zu verteidigen, unser Ego zu schützen und keine Schwäche zu zeigen. Aber diese Abwehrreaktion kann Distanz schaffen und uns daran hindern, einander wirklich zu verstehen. Verletzlichkeit hingegen ermöglicht es uns, Konflikte offener, ehrlicher und einfühlsamer anzugehen.

Wenn Sie verletzlich an eine Meinungsverschiedenheit herangehen, konzentrieren Sie sich nicht darauf, den Streit zu „gewinnen", sondern vielmehr darauf, die Gefühle der anderen Person zu verstehen. Versuchen Sie, aus dem Herzen zu sprechen, anstatt Ihre Stimme zu erheben oder mit dem Finger zu zeigen. Anstatt zum Beispiel zu sagen: „Du hörst mir nie zu!" Du könntest sagen: „Ich fühle mich nicht gehört, wenn du abgelenkt bist, und ich fühle mich dann von dir getrennt."

Dieser Sprachwechsel macht einen großen Unterschied. Wenn Sie verletzlich sprechen, teilen Sie Ihre Gefühle mit, ohne Ihrem Partner Vorwürfe zu machen oder ihn zu beschuldigen. Öffnen Sie das Gespräch für Verständnis, Empathie und Lösung.

- Übung: Verletzliche Kommunikation im Konflikt

Wenn Sie sich das nächste Mal mitten in einer Meinungsverschiedenheit befinden, versuchen Sie diese Übung: Anstatt defensiv oder kritisch zu werden, halten Sie einen Moment inne und sprechen Sie verletzlich. Verwenden Sie „Ich"-Aussagen, um Ihre Gefühle auszudrücken, wie zum Beispiel „Ich bin frustriert, wenn …" oder „Ich muss darüber reden, damit wir uns verstehen können." Dieser Ansatz trägt dazu bei, die emotionale Intensität des Streits zu reduzieren und lädt Ihren Partner ein, einfühlsam zuzuhören.

- Verletzlichkeit als Brücke zu einer tieferen Verbindung

Verletzlichkeit ist die Tür zur Intimität. Es geht nicht darum, perfekt oder makellos zu sein; Es geht darum, Ihr wahres, authentisches Selbst zu zeigen und Ihrem Partner zu erlauben, dasselbe zu tun. Wenn Sie Verletzlichkeit akzeptieren, laden Sie Ihren Partner in die intimsten Teile Ihrer Welt ein: die Dinge, die Ihnen am wichtigsten sind, die Dinge, die Sie menschlich machen.

Denken Sie beim Üben der Verletzlichkeit in Ihrer Beziehung daran, dass dies Zeit, Geduld und Vertrauen erfordert. Aber die Belohnungen sind tiefgreifend. Eine Beziehung, die auf Verletzlichkeit basiert, ist offen, ehrlich und tief verbunden. Es ist eine Beziehung, in der sich beide Partner sicher, gehört und geschätzt fühlen.

Wenn Sie Verletzlichkeit akzeptieren, schaffen Sie eine Bindung, die jedem Sturm standhält. Sie werden Partner nicht nur in der Liebe, sondern auch im Leben. Gemeinsam können Sie jederzeit durch die Höhen und Tiefen navigieren.

Kapitel 4: Die Kunst der Empathie und des aktiven Zuhörens

Effektive Kommunikation ist der Grundstein jeder gesunden Beziehung. Aber echte Kommunikation ist viel mehr als nur Reden: Es geht darum, einander auf einer tieferen Ebene wirklich zu verstehen, zu fühlen und sich miteinander zu verbinden. Wie oft führen wir Gespräche, die gehetzt, abgelenkt oder oberflächlich wirken? Auch wenn wir mit unserem Partner körperlich anwesend sind, befinden wir uns geistig oft woanders, checken unser Telefon oder bereiten unsere nächste Antwort vor, statt aufmerksam zuzuhören. Es ist leicht, in diese Falle zu tappen, aber es kann auch dazu führen, dass Beziehungen zu leiden beginnen.

Wir konzentrieren uns auf zwei Praktiken, die Ihre Beziehung revolutionieren können: Empathie und aktives Zuhören. Dies sind nicht nur Schlagworte; sind die grundlegenden Fähigkeiten, die es Ihnen ermöglichen, die Gefühle Ihres Partners wirklich zu verstehen und eine Verbindung aufzubauen, die auf Mitgefühl, Respekt und Liebe basiert.

Wenn wir wirklich mit dem Herzen zuhören und uns in die Erfahrungen unseres Partners hineinversetzen, schaffen wir Raum für tiefere Kommunikation. Empathie geht über Worte hinaus. Es geht darum, sich in die Lage der anderen Person zu versetzen und ihre Gefühle wirklich zu erleben. Unter aktivem Zuhören hingegen versteht man die Praxis, jemandem die volle Aufmerksamkeit zu schenken und sich auf seine Botschaft einzulassen, und zwar auf eine Art und Weise, die zeigt, dass man ganz im Moment präsent ist. Wenn diese beiden Praktiken zusammen angewendet werden, lösen sie nicht nur Konflikte, sondern bauen auch die Art emotionaler Intimität auf, die Beziehungen über einen längeren Zeitraum hinweg aufrechterhält.

Werfen wir einen genaueren Blick darauf, was Empathie und aktives Zuhören wirklich bedeuten und wie Sie sie nutzen können, um Ihre Verbindung zu Ihrem Partner zu verbessern.

- Empathie und ihre Rolle in der Verbindung verstehen

Empathie ist mehr als nur Mitleid mit jemandem zu empfinden, wenn er eine schwierige Zeit durchmacht, oder ein freundliches Wort in Zeiten der Not anzubieten. Während diese Handlungen wichtig sind, ist Empathie ein viel tiefergehender Prozess. Im Kern geht es bei Empathie darum, zu fühlen und zu verstehen, was eine andere Person emotional und mental erlebt. Es geht darum, sich vorstellen zu können, wie es ist, in ihren Schuhen zu schlüpfen, auch wenn man diese Erfahrung noch nicht gemacht hat.

In Beziehungen spielt Empathie eine entscheidende Rolle bei der Schaffung emotionaler Nähe. Wenn Sie sich in Ihren Partner einfühlen, erkennen Sie nicht nur seine Situation, sondern verbinden sich auch auf emotionaler Ebene mit ihm. Stellen Sie sich vor, Sie haben einen schlechten Arbeitstag und fühlen sich besiegt und überfordert. Anstatt zu antworten: „Das ist schade“ oder schnell zu sagen: „Das wird schon besser“, setzt er sich zu Ihnen und sagt: „Ich kann sehen, dass Sie im Moment wirklich erschöpft und frustriert sind." Möchtest du darüber reden?

Das ist Empathie in Aktion. Ihr Partner reagiert nicht nur auf einer oberflächlichen Ebene: Er verbindet sich mit Ihren Gefühlen. Sie zeigen, dass sie die emotionale Belastung dessen, was Sie durchmachen, verstehen. Und dieser einfache Akt kann einen großen Unterschied machen. Es schafft Raum für Verletzlichkeit und zeigt Ihrem Partner, dass er seine Lasten nicht alleine tragen muss. Empathie fördert ein tiefes Gefühl emotionaler Sicherheit. Es fördert die Art von Vertrauen, das sagt: „Ich verstehe dich, ich höre dich und ich bin hier bei dir."

Bei Empathie geht es nicht darum, Probleme zu lösen. Es geht darum, die emotionale Last zu teilen. Wenn wir in der Lage sind, uns in die Gefühle unseres Partners hineinzuversetzen, zeigen wir ihm, dass seine Gefühle berechtigt und wichtig sind. Dies erleichtert es beiden Partnern, sich zu öffnen, ihre Erfahrungen auszutauschen und sich gegenseitig zu unterstützen. Reduziert die emotionale Distanz, vertieft die emotionale

Intimität und stärkt die Bindung zwischen zwei Menschen.

Wenn Sie sich in Ihren Partner einfühlen, geht es nicht nur darum, mit seinem Schmerz mitzufühlen. Es geht darum, zu verstehen, woher dieser Schmerz kommt, und sie dabei emotional unterstützen zu können. Dies ist ein wesentlicher Bestandteil beim Aufbau dauerhafter und bedeutungsvoller Beziehungen. Emotionale Intimität gedeiht nicht in einem Raum, in dem einer oder beide Partner das Gefühl haben, dass ihre Gefühle nicht verstanden oder wertgeschätzt werden. Gedeiht dort, wo Empathie und Verständnis gefördert werden.

- Meistern Sie die Kunst des aktiven Zuhörens

Aktives Zuhören ist eine der wirkungsvollsten Kommunikationsfähigkeiten, die Sie entwickeln können. Aber es ist auch eines der schwierigsten. In einer Welt voller Ablenkungen (soziale Medien, Arbeit, ständige Benachrichtigungen) ist es schwierig, jemandem unsere volle Aufmerksamkeit zu schenken. Aber aktives Zuhören erfordert genau das: unsere volle, ungeteilte Aufmerksamkeit. Es reicht nicht aus, den Worten zuzuhören. Aktives Zuhören bedeutet, sich auf einer tieferen Ebene mit der Botschaft Ihres Partners auseinanderzusetzen und sicherzustellen, dass er sich wirklich gehört fühlt.

Zuhören ist für uns oft eine Selbstverständlichkeit. Wir denken, dass wir zuhören, wenn wir die Worte hören, die jemand sagt, aber in Wirklichkeit bereiten wir möglicherweise unsere nächste Antwort vor oder denken über etwas völlig anderes nach. Aktives Zuhören erfordert Konzentration, Präsenz und Geduld. Es bedeutet, der Versuchung, zu unterbrechen, zu widerstehen und stattdessen dem Redner seine volle Aufmerksamkeit zu schenken. Es bedeutet, zu erkennen, dass die Worte Ihres Partners wichtig sind und dass Sie sich die Zeit nehmen, sie vollständig zu verstehen.

Stellen Sie sich vor, Ihr Partner erzählt Ihnen von einer schwierigen Situation bei der Arbeit, und anstatt abzuschalten oder darüber nachzudenken, wie Sie reagieren würden, konzentrieren Sie sich ganz darauf. Sie halten Augenkontakt, nicken, während sie sprechen, und stellen offene Fragen, um sie zur Erläuterung zu ermutigen. Er drängt sie nicht und bietet keine Lösungen an, er ist einfach da, um zuzuhören und zu verstehen. Und als sie fertig sind, wiederholen Sie, was Sie gehört haben: „Es hört sich an, als wären Sie von der Besprechung wirklich überwältigt worden." Verstehe ich das richtig? Diese Reflexion zeigt Ihrem Partner, dass Sie sich für das Gesagte einsetzen und gibt ihm auch die Möglichkeit, bei Bedarf Klarheit zu schaffen.

Beim aktiven Zuhören geht es darum, einen Raum zu schaffen, in dem Ihr Partner das Gefühl hat, sich äußern zu können, ohne Angst haben zu müssen, beurteilt oder unterbrochen zu werden. Es ist eine Einladung, tiefer zu teilen, in dem Wissen, dass sie mit Verständnis und Bestätigung aufgenommen werden. Dies ist besonders wichtig in Zeiten von Konflikten oder emotionalem Stress, in denen Zuhören einen Unterschied machen kann. Durch aktives Zuhören fühlen sich beide Partner gehört und respektiert, sodass Missverständnisse leichter gelöst und Gemeinsamkeiten gefunden werden können.

- Warum aktives Zuhören für die Verbindung wichtig ist

Wenn beide Partner aktives Zuhören üben, wird die Kommunikation effektiver und zufriedenstellender. Die Beziehung gedeiht, weil sie die Barrieren beseitigt, die die Verbindung oft behindern: Missverständnisse, Annahmen und unausgesprochene Ressentiments. Indem Paare einander wirklich zuhören, können sie Probleme gemeinsam lösen, statt gegeneinander.

Auch bei der Konfliktlösung spielt aktives Zuhören eine wichtige Rolle. Bei Meinungsverschiedenheiten können Emotionen dem Verständnis leicht im Wege stehen. Es ist leicht, in die Falle zu tappen und zuzuhören, um zu antworten, anstatt zuzuhören, um zu verstehen. Wenn Sie jedoch aktives Zuhören üben, besteht das Ziel darin, die Perspektive Ihres Partners wirklich zu verstehen. Auch wenn Sie nicht mit allem einverstanden sind, was sie sagen, erkennen Sie ihre Gefühle an und lassen Sie sie wissen, dass ihre Erfahrung gültig ist.

Wenn Ihr Partner beispielsweise über etwas, das bei der Arbeit passiert ist, verärgert ist, sollten

Sie aufmerksam zuhören und darüber nachdenken, was Sie fühlen, anstatt Ihre eigenen Gedanken auszudrücken oder ihm zu sagen, wie er damit umgehen soll. Sie könnten so etwas sagen wie: „Es scheint, als würden Sie sich von Ihrem Chef nicht unterstützt fühlen, und das frustriert Sie." Ich höre dich." Mit dieser Antwort soll das Problem nicht gelöst werden, aber sie erkennt die Gefühle Ihres Partners an, was ihm das Gefühl gibt, gesehen und gehört zu werden.

Aktives Zuhören fördert eine Umgebung, in der beide Partner offen über ihre Bedürfnisse, Frustrationen und Träume sprechen können. Es fördert Verletzlichkeit und emotionale Offenheit, die für Intimität unerlässlich sind. Und weil sich beide Partner gehört und verstanden fühlen, wird verhindert, dass sich mit der Zeit Unmut aufbaut. Anstatt ihre Gefühle zu unterdrücken, können beide Menschen ihre Gefühle frei teilen und wissen, dass sie respektiert und bestätigt werden.

- Setzen Sie Empathie und aktives Zuhören in die Praxis um

Empathie und aktives Zuhören sind nicht nur Konzepte; Es handelt sich um Praktiken, deren Entwicklung Zeit und Aufmerksamkeit erfordert. Wie bei jeder Fähigkeit gilt auch hier: Je mehr Sie üben, desto natürlicher werden diese Verhaltensweisen. Es ist nicht immer einfach, die eigenen Gedanken und Sorgen loszulassen und seinem Partner wirklich zuzuhören, aber die Belohnung dafür ist unermesslich. Um diese Fähigkeiten in Ihre Beziehung zu integrieren, beginnen Sie damit, einen eigenen Raum für sinnvolle Gespräche zu schaffen.

In der heutigen schnelllebigen Welt gibt es überall Ablenkungen und man vergisst leicht, wie wichtig es ist, langsamer zu werden und wirklich mit dem Partner zu interagieren. Versuchen Sie, sich regelmäßig Zeit zu nehmen, damit Sie beide ungestört miteinander reden können. Das bedeutet nicht einfach zu fragen, wie der Tag für alle gelaufen ist; Dies ist eine Zeit tiefer Verbundenheit, in der beide Partner ermutigt werden, ihre Gefühle, Hoffnungen und Ängste zu teilen.

Achten Sie bei diesen Gesprächen darauf, Ablenkungen auszuschalten: Schalten Sie Ihr

Telefon auf stumm, schalten Sie den Fernseher aus und schenken Sie ihnen Ihre volle Aufmerksamkeit. Schenken Sie Ihrem Partner Ihre vollkommene Präsenz. Und wenn sie reden, widerstehen Sie der Versuchung, Ihre Gedanken oder Ratschläge einzubringen. Hören Sie stattdessen auf ihre Worte und konzentrieren Sie sich darauf, ihre emotionale Erfahrung zu verstehen.

Denken Sie daran, dass es bei Empathie nicht darum geht, Probleme zu lösen oder schnelle Lösungen anzubieten. Es geht darum, Ihren Partner bei seiner Erfahrung zu begleiten, seine Gefühle zu bestätigen und emotionale Unterstützung anzubieten. Und aktives Zuhören besteht darin, ihren Worten nicht nur mit den Ohren, sondern auch mit dem Herzen zuzuhören. Es geht darum sicherzustellen, dass Sie sich beide verstanden, gesehen und wertgeschätzt fühlen.

Empathie und aktives Zuhören sind wesentliche Praktiken, die die emotionale Grundlage jeder Beziehung bilden. Wenn Sie sich auf diese Verhaltensweisen einlassen, vertiefen Sie die Verbindung zu Ihrem Partner und schaffen einen Raum, in dem Verletzlichkeit, Vertrauen und

Intimität gedeihen können. Indem Sie aufmerksam zuhören und sich in die Erfahrungen Ihres Partners hineinversetzen, bauen Sie eine Beziehung auf, die nicht nur funktioniert, sondern auch zutiefst befriedigend ist. Diese Tools werden Ihnen dabei helfen, die Höhen und Tiefen des Lebens gemeinsam zu meistern und sicherzustellen, dass Ihre Bindung stark und belastbar bleibt.

Durch Empathie und aktives Zuhören kommunizieren Sie nicht nur, sondern verbinden sich im authentischsten Sinne. Diese Verbindung

Kapitel 5: Einen sicheren Raum für Schwachstellen schaffen

Verletzlichkeit ist eines der mächtigsten Werkzeuge der menschlichen Verbindung. Und doch ist es für viele Menschen eines der am schwersten zu akzeptierenden Gefühle. Wenn man sich öffnet, besteht immer die Angst, beurteilt, abgelehnt oder missverstanden zu werden. Die Wahrheit ist jedoch, dass Verletzlichkeit die Brücke ist, die uns auf die tiefste Art und Weise mit anderen verbindet. Durch Verletzlichkeit teilen wir unser wahres Selbst und erfahren die tiefe emotionale Intimität, die Beziehungen bedeutungsvoll und dauerhaft macht.

Aber die Schaffung eines sicheren Raums für Verletzlichkeit geschieht nicht zufällig. Es erfordert Absicht, Geduld und aktive Anstrengung von beiden Partnern. Wenn Verletzlichkeit in einer Beziehung gefördert wird, entsteht ein Umfeld des Vertrauens und der emotionalen Nähe. Es lädt zu Authentizität und emotionaler Tiefe ein, die die Grundlage einer starken und gesunden Beziehung bilden. In diesem Kapitel befassen wir uns damit, was Verletzlichkeit ist, warum sie für emotionale Intimität so wichtig ist und wie Sie eine sichere, unterstützende Umgebung schaffen können, in der Sie und Ihr Partner sich ohne Angst öffnen können.

- **Verletzlichkeit und ihre Macht verstehen**

Verletzlichkeit wird oft missverstanden. In einer Welt, die Stärke, Unabhängigkeit und Belastbarkeit schätzt, kann Verletzlichkeit wie eine Schwäche erscheinen. Wir befürchten, dass wir Gefahr laufen, verurteilt oder verletzt zu werden, wenn wir unser wahres Selbst preisgeben. Aber Verletzlichkeit ist tatsächlich das Tor zu emotionaler Intimität. Es ermöglicht uns, uns auf einer tiefen Seelenebene mit anderen zu verbinden.

Verletzlich zu sein bedeutet, authentisch zu sein. Es geht darum, Ihre Ängste, Ihre Wünsche, Ihre Unsicherheiten und Ihre Wahrheiten mit einer anderen Person zu teilen, in dem Wissen, dass Sie nicht abgewiesen oder verspottet werden. Es geht darum, Teile von dir freizulegen, die du normalerweise verborgen halten würdest: diese chaotischen, unvollkommenen Teile, die dich zu dem machen, was du bist. In Beziehungen ermöglicht uns die Verletzlichkeit, als das wahrgenommen zu werden, was wir wirklich sind, und nicht als die ausgefeilte Version von uns selbst, die wir der Welt zeigen.

Wenn Sie sich erlauben, verletzlich zu sein, schaffen Sie Raum für Ihren Partner, dasselbe zu tun. Verletzlichkeit ist keine Einbahnstraße. Es erfordert Offenheit und Vertrauen von beiden Seiten, und wenn sich beide Parteien sicher fühlen, ihr wahres Selbst auszudrücken, vertieft sich die emotionale Intimität.

Denken Sie an die Zeiten in Ihrem Leben, in denen Sie sich jemandem am nächsten gefühlt haben. Es war wahrscheinlich, als Sie dieser Person etwas Persönliches und Bedeutsames mitteilen konnten. Vielleicht haben Sie eine Angst, ein tiefes Verlangen oder einen vergangenen Schmerz gestanden. In diesen Momenten fühlte man sich gesehen, verstanden und akzeptiert. Das ist die Macht der Verletzlichkeit. Schaffen Sie eine Bindung, die über oberflächliche Interaktionen hinausgeht. Und es ist diese Art der Verbindung, die Beziehungen gedeihen lässt.

- Warum Verletzlichkeit der Schlüssel zu emotionaler Intimität ist

Emotionale Intimität entsteht nicht über Nacht. Es entsteht im Laufe der Zeit und Verletzlichkeit spielt in diesem Prozess eine grundlegende Rolle. Bei echter emotionaler Intimität geht es nicht nur darum, Erfahrungen oder Gefühle zu teilen, sondern auch darum, die Teile von dir zu teilen, die oft verborgen bleiben: jene Gedanken, Träume und Unsicherheiten, die dich einzigartig menschlich machen. Ohne Verletzlichkeit kann es keine emotionale Intimität geben.

Stellen Sie sich vor, Sie versuchen, eine enge Beziehung zu jemandem aufzubauen, teilen aber niemals Ihre wahren Gefühle mit. Stattdessen hältst du alles für dich verschlossen, lächelst in schwierigen Situationen und tust so, als wäre alles in Ordnung, wenn es nicht so ist. Es mag für eine Weile funktionieren, aber irgendwann wird diese emotionale Distanz eine Barriere schaffen.

Emotionale Intimität erfordert, dass beide Partner in der Lage sind, sich zu öffnen, ihre Ängste und Hoffnungen zu teilen und ihre Verletzlichkeit zum Ausdruck zu bringen, ohne Angst vor einem Urteil zu haben.

Wenn beide Partner ihre Verletzlichkeit akzeptieren, schaffen sie füreinander ein emotionales Sicherheitsnetz. Sie können nicht erwarten, dass Ihr Partner emotional offen ist, wenn er sich dabei nicht sicher fühlt. Diese Sicherheit wird durch konsequentes Handeln von Vertrauen, Respekt und Empathie gefördert. Verletzlichkeit ermöglicht auch eine tiefere emotionale Verbindung und schafft eine Dynamik, in der beide Partner die Freiheit haben, sie selbst zu sein. Es geht nicht darum, perfekt zu sein, sondern darum, real zu sein.

Die Schönheit emotionaler Intimität liegt in ihrer Tiefe. Es geht nicht darum, wie gut Sie kommunizieren können, wenn die Dinge einfach sind, sondern darum, wie tief Sie eine Verbindung herstellen können, wenn die Dinge schwierig sind. Verletzlichkeit ermöglicht diese Tiefe. Es ermöglicht Ihnen, Ihrem Partner die Teile von Ihnen zu zeigen, die sich chaotisch oder gebrochen anfühlen, und darauf zu vertrauen, dass er Sie dadurch lieben wird.

Wenn Sie in der Lage sind, sich Ihrem Partner gegenüber zu öffnen und verletzlich zu sein, geben Sie ihm die Möglichkeit, auf einer Ebene mit Ihnen in Kontakt zu treten, die bei hochgezogenen Mauern unmöglich ist. Je mehr Sie teilen, desto näher kommen Sie. Es ist ein schrittweiser Prozess, aber jeder kleine Schritt in Richtung Verletzlichkeit bringt Sie dem Kern Ihrer Beziehung näher.

- Einen sicheren Raum für Verletzlichkeit schaffen

Die Schaffung eines sicheren Raums für Verletzlichkeit geschieht nicht zufällig. Es erfordert Arbeit, Geduld und Engagement von beiden Partnern. Ein sicherer Raum ist ein Raum, in dem sich beide Menschen emotional sicher genug fühlen, um ihre intimsten Gedanken und Gefühle auszudrücken, ohne Angst davor zu haben, beurteilt oder abgelehnt zu werden.

Das erste und wichtigste Element bei der Schaffung eines sicheren Raums ist Vertrauen.

Vertrauen ist die Grundlage jeder Beziehung. Ohne Vertrauen kann Verletzlichkeit nicht gedeihen. Vertrauen entsteht durch konsequentes Handeln im Laufe der Zeit: vertrauenswürdig, zuverlässig und emotional verfügbar zu sein. Wenn Ihr Partner weiß, dass er darauf vertrauen kann, dass Sie ihm ohne Urteil zuhören und Unterstützung anbieten, ist die Wahrscheinlichkeit größer, dass er Ihnen gegenüber verletzlich ist.

Vertrauen bedeutet auch, die emotionalen Schwachstellen Ihres Partners zu schützen. Wenn jemand über seine Ängste oder Unsicherheiten spricht, ist es wichtig, dass er das Gefühl hat, dass seine Gedanken geschützt sind. Das bedeutet keine Hänseleien, kein Urteil und schon gar kein Klatsch. Die emotionalen Wahrheiten anderer heilig zu halten, ist eine Möglichkeit, dieses Vertrauen zu würdigen und einen Raum zu schaffen, in dem Verletzlichkeit frei geteilt werden kann.

Ein weiteres Schlüsselelement zur Schaffung eines sicheren Raums für Verletzlichkeit ist Respekt. Es ist wichtig, die emotionalen Grenzen Ihres Partners zu respektieren. Nur weil Sie sich bereit fühlen, etwas Persönliches mitzuteilen, heißt das nicht, dass es Ihrem Partner genauso geht. Es ist wichtig zu erkennen, wann Ihr Partner Zeit braucht, um sich zu öffnen, und ihn nicht unter Druck zu setzen, bevor er dazu bereit ist. Respekt bedeutet auch, Geduld mit den emotionalen Prozessen anderer zu haben. Manchmal gibt es Sicherheitslücken nicht in ordentlichen Paketen: Sie können verwirrend, kompliziert und verwirrend sein. Aber wenn Sie beide den emotionalen Raum des anderen respektieren, erlauben Sie einander, verletzlich zu sein, ohne Angst haben zu müssen, gehetzt oder missverstanden zu werden.

Eine der wichtigsten Fähigkeiten bei der Schaffung eines sicheren Raums für Verletzlichkeit ist aktives Zuhören. Aktives Zuhören bedeutet, dass Sie völlig präsent, engagiert und einfühlsam sind, wenn Ihr Partner etwas Wichtiges mitteilt. Beim aktiven Zuhören geht es nicht nur darum, Wörter zu hören, sondern auch darum, die Emotionen hinter diesen Worten zu verstehen. Es geht darum, sicherzustellen, dass Ihr Partner weiß, dass Sie ihm wirklich zuhören, ohne ihn zu verurteilen, ohne ihn zu unterbrechen und ohne voreilig Lösungen anzubieten. Manchmal braucht jemand nur, dass Sie zuhören und seine Gefühle anerkennen.

Wenn Sie einfühlsam zuhören, fühlt sich Ihr Partner wertgeschätzt und verstanden. Sie fühlen sich sicher, ihre Gefühle mit Ihnen zu teilen, in dem Wissen, dass Sie sie nicht abweisen oder herabsetzen werden. Aktives Zuhören schafft einen emotionalen Raum, in dem Verletzlichkeit gedeihen kann.

- Überwinden Sie die Angst vor Verletzlichkeit

Für viele von uns ist Verletzlichkeit einschüchternd. Es ist beängstigend, sein wahres Selbst zu zeigen, besonders wenn wir Angst davor haben, abgelehnt oder verletzt zu werden. Aber es ist wichtig, sich daran zu erinnern, dass Verletzlichkeit eine Stärke und keine Schwäche ist. Wenn Sie sich erlauben, verletzlich zu sein, öffnen Sie die Tür zu tieferer Verbindung und emotionaler Intimität.

Um die Angst vor Verletzlichkeit zu überwinden, ist es hilfreich, kleine Schritte zu unternehmen. Sie müssen Ihre tiefsten Ängste nicht gleich offenlegen. Beginnen Sie stattdessen mit etwas Kleinerem, vielleicht einer persönlichen Geschichte oder einer Angst, die Sie bisher noch nicht geteilt haben. Dieser schrittweise Ansatz wird Ihnen helfen, Vertrauen in den Eröffnungsprozess aufzubauen.

Es ist auch wichtig, Selbstmitgefühl zu üben. Verletzlichkeit führt oft zu Schamgefühlen oder Selbstzweifeln. Möglicherweise fühlen wir uns unzulänglich oder fürchten, dass unser Partner uns als schwach oder unfähig ansieht. Aber bei Verletzlichkeit geht es darum, zu akzeptieren, wer wir sind, mit allen Fehlern. Wenn Sie sich selbst mit Freundlichkeit statt harter Selbstkritik begegnen, können Sie der Verletzlichkeit mit einem Gefühl der Offenheit und Selbstakzeptanz begegnen.

Eine andere Möglichkeit, die Angst vor Verletzlichkeit zu überwinden, besteht darin, sich an die damit verbundenen Belohnungen zu erinnern. Die Verbindung, die Sie zu Ihrem Partner aufbauen, wird viel tiefer und bedeutungsvoller sein, wenn Sie beide in der Lage sind, sich zu öffnen. Verletzlichkeit bedeutet nicht, dass Sie immer die Antworten erhalten, die Sie erwarten, aber sie schafft eine Umgebung, in der beide Partner wachsen, lernen und einander näher kommen können.

Die Schaffung eines sicheren Raums für Verletzlichkeit ist für die Pflege emotionaler Intimität in einer Beziehung von entscheidender Bedeutung. Indem Sie Vertrauen aufbauen, aktives Zuhören üben und die emotionalen Grenzen des anderen respektieren, schaffen Sie eine Grundlage, auf der sich beide Partner wohl fühlen und authentisch sind. Verletzlichkeit mag zunächst unangenehm sein, aber durch diese Momente der Offenheit werden die tiefsten Verbindungen geknüpft. Wenn Sie die Verletzlichkeit in Ihrer Beziehung akzeptieren, ermöglichen Sie, dass Sie und Ihr Partner gesehen, gehört und wirklich erkannt werden. Und in dieser Offenheit gedeihen Liebe und Intimität.

Kapitel 6: Unvollkommenheiten akzeptieren

Perfektion wird oft als das Ideal gefeiert. In unseren Beziehungen können wir uns leicht dem Wunsch hingeben, perfekt zu sein und einen unsichtbaren Standard zu erfüllen, der Glück und Erfolg verspricht. Wir möchten, dass auch unsere Partner perfekt sind. Aber die Wahrheit ist: Perfektion ist nicht das Ziel. Unvollkommenheiten hingegen machen uns wirklich menschlich. Sie sind die Fäden, die das Gewebe authentischer und tiefer Verbindungen weben. Und sie sind genau das, was wir übernehmen müssen, wenn wir dauerhafte Liebe und emotionale Intimität fördern wollen.

In diesem Kapitel werden wir untersuchen, wie wir Unvollkommenheit akzeptieren können, nicht nur in uns selbst, sondern auch in unseren Beziehungen. Wir werden darüber sprechen, wie Unvollkommenheiten die Bindung zwischen einem Paar stärken können und wie das Lernen, sie zu akzeptieren, zu einer tieferen emotionalen Verbindung führen kann. Unvollkommenheit macht die Liebe echt, roh und schön. Es ist das, was uns verletzlich macht und letztendlich unsere Beziehungen stärkt.

- Der Mythos der Perfektion

Wir alle haben eine Vorstellung davon, wie eine „perfekte" Beziehung aussieht. Vielleicht basiert es auf dem, was wir in Filmen, in sozialen Medien sehen, oder auf dem idealisierten Bild der vollkommenen Liebe, das von Generation zu Generation weitergegeben wird. Aber Perfektion ist tatsächlich ein Mythos. Niemand ist perfekt und auch keine Beziehung ist perfekt. Perfektion ist eine brillante und unerreichbare Illusion, die uns nur auf Enttäuschung vorbereitet.

In der realen Welt sind Beziehungen kompliziert. Sie sind voller Meinungsverschiedenheiten, Momente der Frustration, persönlicher Fehler und unterschiedlicher Lebensziele. Und doch sind es genau diese Unvollkommenheiten (sowohl bei uns selbst als auch bei unseren Partnern), die Beziehungen ihre Tiefe und Bedeutung verleihen.

Perfektion mag attraktiv erscheinen, aber wenn wir danach streben, übersehen wir die Schönheit der Unvollkommenheit. Denken Sie an die kleinen Macken, die Ihren Partner einzigartig machen: vielleicht sein albernes Lachen oder die Art, wie er manchmal vergisst, wo er seine Schlüssel gelassen hat, oder seine tiefe Leidenschaft für etwas, das Ihnen Kopfzerbrechen bereitet. Diese Eigenheiten mögen auf den ersten Blick trivial erscheinen, aber sie tragen zum Reichtum der Beziehung bei. Diese kleinen Unvollkommenheiten sind Teil der Bindung, die Sie verbunden hält.

Wenn wir die Vorstellung loslassen, dass wir oder unsere Partner makellos sein sollten, befreien wir uns von unrealistischen Erwartungen. Wir fangen an, uns selbst klarer zu sehen, als Menschen mit Stärken und Schwächen, Freuden und Trauer. Durch diese Akzeptanz bauen wir eine mitfühlendere und verständnisvollere Beziehung auf.

- Lassen Sie unrealistische Erwartungen los

Unrealistische Erwartungen gehören zu den häufigsten Konfliktquellen in Beziehungen. Wir alle gehen Beziehungen mit einer Vorstellung davon ein, was wir wollen, aber es ist wichtig, zwischen gesunden Wünschen und unerreichbaren Idealen zu unterscheiden. Der Druck, „perfekt" zu sein oder es zu tun, kann die Liebe eher zu einer stressigen als zu einer angenehmen Erfahrung machen.

Nehmen Sie sich einen Moment Zeit und denken Sie über die Erwartungen nach, die Sie an Ihren Partner stellen. Sind sie realistisch? Lassen sie Raum für Fehler, Wachstum und Unvollkommenheit? Zu oft erwarten wir von unseren Partnern, dass sie eine idealisierte Rolle erfüllen, die menschenunmöglich ist. Dies kann zu Gefühlen der Enttäuschung und des Grolls führen, wenn unsere Partner unweigerlich zu kurz kommen.

Diese unrealistischen Erwartungen loszulassen bedeutet nicht, dass Sie Ihre Standards senken oder sich mit weniger zufrieden geben; Es bedeutet zu akzeptieren, dass sowohl Sie als auch

Ihr Partner Fehler machen, schlechte Tage haben und Dinge passieren, die sich gegenseitig frustrieren. Anstatt nach Perfektion zu streben, konzentrieren Sie sich auf gegenseitigen Respekt, Unterstützung und Verständnis.

Wenn Sie beispielsweise erwarten, dass Ihr Partner in Stresssituationen stets ruhig und gefasst bleibt, er aber dazu neigt, ängstlich zu werden, könnte das zu Frustration führen. Anstatt zu erwarten, dass sie in diesen Momenten perfekt sind, warum nicht ihre Verletzlichkeit akzeptieren? Erkenne, dass ihre Angst sie nicht weniger wert macht, geliebt zu werden. Ihre Unvollkommenheiten sind Teil ihrer Persönlichkeit und dafür liebt man sie.

Indem Sie unrealistische Erwartungen loslassen, schaffen Sie mehr Raum für echte Verbindungen. In ihrer Beziehung geht es weniger darum, unmögliche Standards zu erfüllen, als vielmehr darum, zusammenzuwachsen, gemeinsam zu lernen und sich gegenseitig in Höhen und Tiefen zu unterstützen.

- Wir feiern Wachstum, nicht Perfektion

Wenn wir Unvollkommenheit akzeptieren, begrüßen wir auch Wachstum. Wachstum geschieht nicht, wenn die Dinge perfekt sind, sondern im Chaos des Lebens. Beziehungen entwickeln sich ständig weiter und jeder Schritt der Reise ist eine Chance, sowohl als Einzelner als auch als Paar zu wachsen.

Denken Sie darüber nach: Die bedeutungsvollsten Momente in Ihrer Beziehung waren wahrscheinlich nicht die, in denen alles genau wie geplant verlief. Es waren die Zeiten, in denen man sich gemeinsam Herausforderungen stellte, neue Dinge voneinander lernte und sich an die unvermeidlichen Veränderungen des Lebens anpasste. In diesen Momenten vertiefen und gedeihen Beziehungen.

Anstatt Perfektion zu erwarten, feiern Sie das Wachstum, das Sie und Ihr Partner auf diesem Weg erleben. Wenn Ihr Partner versucht, ein Verhalten zu verbessern, das Sie stört, feiern Sie die Anstrengung, auch wenn die Änderung noch nicht perfekt ist. Beim Wachstum geht es nicht darum, ein fertiges Produkt zu erreichen, sondern um die Bereitschaft, gemeinsam zu lernen, sich zu verändern und weiterzuentwickeln.

Diese Art der Feier des Wachstums fördert das Gefühl von Teamarbeit und Partnerschaft. Es bedeutet, füreinander da zu sein, nicht nur, wenn die Dinge einfach sind, sondern auch, wenn die Dinge schwierig sind. Es bedeutet, einander anzusehen und zu sagen: „Wir stecken das gemeinsam durch" und zu wissen, dass Sie beide bereit sind, sich anzupassen, zu ändern und alles zu überwinden, was auch immer auf Sie zukommt.

- Fördern Sie Mitgefühl für Unvollkommenheit

Eines der wirksamsten Werkzeuge zur Akzeptanz von Unvollkommenheit ist Mitgefühl. Mitgefühl ist die Fähigkeit, sich ohne Urteil in die Probleme, Fehler und Irrtümer Ihres Partners hineinzuversetzen. Es bedeutet anzuerkennen, dass wir alle Schwächen haben und dass keiner von uns davor gefeit ist, Fehler zu machen oder manchmal unvollkommen zu handeln. Mitgefühl ermöglicht es uns, sowohl unsere eigenen Unvollkommenheiten als auch die unseres

Partners zu akzeptieren, ohne sie als Gründe für Rückzug oder Kritik zu nutzen.

Denken Sie an eine Zeit, in der Sie sich unsicher oder verlegen gefühlt haben und Ihr Partner verständnisvoll und unterstützend war. Erinnern Sie sich, wie viel Ihnen dieses Mitgefühl in diesem Moment bedeutete? Sie konnten sich in Ihrer Verletzlichkeit sicher fühlen, weil Ihr Partner Sie nicht verurteilte: Er umarmte Sie. Diese Art von Mitgefühl ist der Schlüssel zum Gedeihen einer Beziehung, insbesondere wenn die Dinge nicht perfekt sind.

Um Mitgefühl in Ihrer Beziehung zu entwickeln, ist es wichtig, Geduld zu üben. Das bedeutet, dass Sie Ihrem Partner Zeit geben, zu wachsen, sich zu verändern und seine Unvollkommenheiten zu überwinden, ohne ihn zu überstürzen oder ihn wegen seiner Unzulänglichkeiten zur Rede zu stellen. Es bedeutet auch, Selbstmitgefühl zu üben. Schließlich sind wir oft selbst unsere schärfsten Kritiker. Wenn Sie freundlicher zu sich selbst sind, können Sie Ihrem Partner besser Mitgefühl zeigen.

Wenn Sie einander durch die Linse des Mitgefühls sehen, verändert das die Art und Weise, wie Sie mit Unvollkommenheiten umgehen. Sie hören auf, Fehler als Misserfolge zu betrachten, und betrachten sie stattdessen als Chancen für Wachstum und Verbindung. Mit Mitgefühl werden Unvollkommenheiten weniger bedrohlich und die Liebe wird widerstandsfähiger.

- Aus Unvollkommenheiten lernen

Wenn Unvollkommenheiten akzeptiert werden, bieten sie tiefgreifende Möglichkeiten für Wachstum, Verständnis und Verbindung. Jede Unvollkommenheit in einer Beziehung lehrt uns etwas, sei es über uns selbst, unseren Partner oder die Liebe selbst. Diese Lektionen sind von unschätzbarem Wert, denn sie helfen uns, verständnisvoller, einfühlsamer und mitfühlenderer Partner zu werden.

Vielleicht haben Sie oder Ihr Partner zum Beispiel eine Angewohnheit, die den anderen irritiert. Anstatt es als etwas zu betrachten, das behoben oder beseitigt werden muss, warum sollte man es nicht als eine Lektion in Toleranz oder Flexibilität betrachten? Vielleicht lehrt es Sie Geduld oder zeigt Ihnen, wie wichtig Kommunikation ist. Diese „Unvollkommenheiten" sind lediglich Gelegenheiten zum Lernen und zur Anpassung.

Der Prozess, aus Unvollkommenheiten zu lernen, hilft, die Beziehung zu vertiefen. Es ermutigt Sie, offen und ehrlich über Ihre Gefühle zu kommunizieren, aktiv zuzuhören und nach gegenseitigem Verständnis zu suchen. Wenn beide Partner die Gelegenheit zum Lernen nutzen, wird die Beziehung zu einer gemeinsamen Reise der Selbstfindung und des Wachstums.

- Die Schönheit der Unvollkommenheit

Letztendlich sind es unsere Unvollkommenheiten, die uns einzigartig und schön machen. Sie prägen, wer wir sind, wie wir mit anderen umgehen und wie wir Liebe erfahren. Wenn Sie den Druck, perfekt zu sein, loslassen, lassen Sie Ihr authentisches Selbst erstrahlen. Und es ist diese Authentizität, die Ihren Partner Ihnen näher bringt.

Anstatt sich hinter einer Fassade der Perfektion zu verstecken, akzeptieren Sie, wer Sie wirklich sind – mit all Ihren Unvollkommenheiten. Erlauben Sie Ihrem Partner, Sie so zu sehen, wie Sie sind, und geben Sie ihm die gleiche Freiheit, er selbst zu sein. Es ist dieser Raum der gegenseitigen Authentizität, in dem die Liebe gedeiht. Unvollkommenheiten sind nichts, wofür man sich schämen muss; Sie sind es, die uns wahr machen. Sie sind es, die uns zu Menschen machen.

Wenn Sie lernen, Unvollkommenheiten (Ihre und die Ihres Partners) zu lieben und zu akzeptieren, schaffen Sie eine Beziehung, die nicht nur tiefer, sondern auch erfüllender ist. Sie bauen eine Partnerschaft auf, die auf Vertrauen, Mitgefühl und Wachstum basiert. Und das, meine Freunde, ist die wahre Schönheit der Liebe.

Kapitel 7: „Ja" sagen zu neuen Erfahrungen

In der Hektik des Alltags kann es leicht passieren, dass man in einer Routine stecken bleibt. Wir alle kennen den Trost des Vertrauten: die Orte, Aktivitäten und Menschen, die uns ein sicheres Gefühl geben. Aber es gibt eine stille Magie, die entsteht, wenn wir unsere Komfortzone verlassen und „Ja" zu neuen Erfahrungen sagen. Wenn wir uns ins Unbekannte wagen, entdecken wir nicht nur die Welt um uns herum, sondern auch die Tiefe der Verbindung, die wir mit unserem Partner und mit uns selbst haben können.

In diesem Kapitel werden wir die tiefgreifenden Auswirkungen untersuchen, die das „Ja" zu neuen Erfahrungen auf Beziehungen haben kann. Wir werden sehen, wie neue Erfahrungen es Paaren ermöglichen, zusammenzuwachsen, Erinnerungen aufzubauen und ihre emotionale Bindung zu vertiefen. Beim „Ja" geht es nicht nur darum, Ja zu einem Abenteuer zu sagen; Es geht darum, Ja zueinander, zum Wachstum und zu den unbekannten Möglichkeiten zu sagen, die das Leben zu bieten hat. Indem Sie das Vertraute verlassen, öffnen Sie die Tür zu einem reicheren, verbundeneren Leben mit Ihrem Partner.

- **Warum es wichtig ist, „Ja" zu sagen**

Im Kern geht es beim „Ja" darum, den gegenwärtigen Moment mit Begeisterung und Neugier anzunehmen. Wenn wir „Ja" zu neuen Erfahrungen sagen, gehen wir offen und voller Möglichkeiten auf das Leben ein. Wir befreien uns von den Beschränkungen der Routine und laden das Unbekannte in unser Leben ein. Aber warum ist das in einer Beziehung so wichtig?

„Ja" zu sagen ist wichtig, weil es die Mauern der Monotonie niederreißt, die sich im Laufe der Zeit in Beziehungen bilden können. Wir alle wissen, dass langfristige Beziehungen mehr erfordern als nur das alltägliche Funktionieren; Sie brauchen Wachstum, Begeisterung und gemeinsame Erfahrungen, um erfolgreich zu sein. Durch die Vereinbarung, gemeinsam Neues auszuprobieren, schaffen Paare neue Erinnerungen und gemeinsame Abenteuer. Diese Momente bringen

Sie nicht nur einander näher, sondern eröffnen Ihnen auch neue Möglichkeiten, einander zu sehen.

Es gibt ein altes Sprichwort: Paare, die zusammen spielen, bleiben zusammen. Das stimmt zwar, aber es geht um mehr als nur Spaß. Neue Erfahrungen geben Ihnen die Möglichkeit, neue emotionale Bindungen aufzubauen. Sie helfen ihnen dabei, verschiedene Seiten voneinander zu entdecken, Seiten, die sie in ihrem Alltag vielleicht nicht sehen. Sie werden sehen, wie Ihr Partner auf neue Herausforderungen reagiert, seine Komfortzone verlässt und sich auf eine Weise entwickelt, die Sie nicht erwartet haben. Jedes „Ja" zu etwas Neuem ist ein Schritt vorwärts zur Vertiefung Ihrer Beziehung.

- Das Wachstum, das mit neuen Erfahrungen einhergeht

Wachstum findet nicht im Bequemen, Vertrauten oder Vorhersehbaren statt. Wahres Wachstum entsteht, wenn wir uns dazu drängen, Dinge auszuprobieren, die wir nie für möglich gehalten hätten. Und das gilt auch für Beziehungen. Wenn Sie mit Ihrem Partner neue Erfahrungen machen, begeben Sie sich beide auf eine Reise des Wachstums und lernen voneinander und aus der Erfahrung selbst.

Neue Erfahrungen ermöglichen es Ihnen, verborgene Aspekte der Persönlichkeit Ihres Partners zu entdecken. Vielleicht waren Sie beim Reisen schon immer etwas nervös, aber Sie sind bereit, eine spontane Reise zu unternehmen. Vielleicht sind Sie jemand, der es hasst, neue Lebensmittel auszuprobieren, aber Sie versuchen es, weil es etwas ist, das Sie schon immer ausprobieren wollten. Diese Momente des gemeinsamen Schritts ins Unbekannte schaffen eine Bindung, die über gemeinsame Routinen hinausgeht.

Darüber hinaus bietet das gemeinsame Vorstoßen in Neuland die Möglichkeit, sich gegenseitig zu unterstützen. Es ist eine Sache, etwas Herausforderndes alleine zu erleben, aber neue Situationen als Team zu meistern schafft eine einzigartige Art von Intimität. Sie beide müssen einander vertrauen, sich gegenseitig unterstützen und sich gemeinsam anpassen. Dieser

Wachstumsprozess stärkt die Widerstandsfähigkeit Ihrer Beziehung und fördert eine emotionale Verbindung, die mit jeder neuen Herausforderung stärker wird.

Erwägen Sie zum Beispiel, gemeinsam einen Tanzkurs zu besuchen. Wenn keiner von Ihnen zuvor getanzt hat, wird das Erlebnis mit Sicherheit zu unangenehmen Momenten und Gelächter führen. Aber es sind diese Momente der Verletzlichkeit und des gemeinsamen Lernens, die bleibende Erinnerungen schaffen und Sie einander näher bringen. Sie werden sich an diese Erfahrung nicht nur als eine Zeit erinnern, in der Sie etwas Neues gelernt haben, sondern auch als eine Zeit, in der Sie beide gelernt haben, sich aufeinander zu stützen, geduldig zu sein und die Fortschritte des anderen zu feiern.

- „Ja" zum Abenteuer sagen: Das Unerwartete akzeptieren

Das Leben ist voller Überraschungen. Manchmal sind die lohnendsten Erlebnisse diejenigen, die wir nicht planen. „Ja" zum Abenteuer zu sagen bedeutet, offen für das Unerwartete zu sein, sei es ein Last-Minute-Roadtrip, eine Einladung zu einer ausgefallenen Veranstaltung oder die Chance, etwas völlig außerhalb Ihrer Komfortzone auszuprobieren.

Das Schöne am Abenteuer ist, dass es uns dazu zwingt, aus unserer normalen Routine auszubrechen und das Leben aus einer neuen Perspektive zu betrachten. Wenn Sie und Ihr Partner beschließen, „Ja" zu einem Abenteuer zu sagen, verpflichten Sie sich gegenseitig, nicht nur Spaß zu haben, sondern auch zu wachsen, zu lernen und das Leben so zu erleben, wie es sich entfaltet. Die Unvorhersehbarkeit des Abenteuers bringt eine ganz eigene Art von Aufregung mit sich und erzeugt ein emotionales Hochgefühl, das nur geteilt werden kann, wenn beide zusammen sind.

Abenteuer bedeutet nicht unbedingt, einen Berg zu besteigen oder Bungee-Jumping von einer Brücke zu machen; Aber wenn das Ihr Ding ist, haben Sie mehr Macht. Es kann so einfach sein, ein neues Restaurant auszuprobieren, einen spontanen Wochenendausflug zu machen oder gemeinsam ein neues Hobby zu erlernen. Der

Schlüssel liegt darin, dass es etwas ist, was Sie normalerweise nicht tun würden, etwas, das Ihre Grenzen erweitert und ein gemeinsames Erlebnis schafft, das außerhalb Ihres üblichen Rhythmus liegt.

Wenn Sie das Unerwartete akzeptieren, akzeptieren Sie den Reichtum des Lebens. Es erinnert Sie daran, dass es im Leben nicht darum geht, alles herauszufinden, sondern darum, die Reise zu genießen und jede Wendung so zu nehmen, wie sie kommt. Wenn Sie diese Momente der Unvorhersehbarkeit mit Ihrem Partner teilen, entsteht eine Vertrauens- und Abenteuerbasis, die Ihre Beziehung tiefgreifend vertiefen kann.

- Erinnerungen schaffen, die ein Leben lang halten

„Ja" zu neuen Erfahrungen zu sagen, macht nicht nur sofort Spaß, sondern schafft auch eine Bibliothek gemeinsamer Erinnerungen, die Ihre Beziehung für die kommenden Jahre bereichern kann. Jede neue Erfahrung, die Sie gemeinsam teilen, ist wie ein Kapitel in der Geschichte Ihrer

Beziehung. Mit der Zeit häufen sich diese Momente und es entsteht ein Sammelsurium von Erlebnissen, die Sie beide schätzen.

Diese gemeinsamen Erinnerungen dienen als emotionale Prüfsteine in Ihrer Beziehung. Wenn das Leben hart wird oder Sie sich unverbunden fühlen, können diese Erinnerungen Sie an die Bindung erinnern, die Sie aufgebaut haben, und an die Abenteuer, die Sie geteilt haben. Sie vermitteln ein Gefühl von Kontinuität und Sicherheit und zeigen Ihnen beiden, dass Sie trotz aller Höhen und Tiefen immer füreinander da waren.

Denken Sie darüber nach: In Jahren werden Sie sich an die Zeiten erinnern, in denen Sie „Ja" gesagt haben, etwas Neues auszuprobieren, sei es ein Wochenendausflug an einen Ort, an dem Sie noch nie zuvor waren, oder die spontane Entscheidung, sich auf ein neues Abenteuer einzulassen. gemeinsames Hobby. Sie werden über die Fehler lachen, die Sie unterwegs gemacht haben, Erinnerungen an Zeiten teilen, in denen Sie beide nervös, aber aufgeregt waren, und sich an dem Wissen erfreuen, dass diese Erfahrungen Sie als Paar stärker gemacht haben.

Diese Erinnerungen werden zum Fundament Ihrer Beziehung, stärken Ihre Verbindung und machen sie widerstandsfähiger. Es sind die Momente, an die Sie sich im weiteren Verlauf des Lebens gerne erinnern werden, und sie erinnern Sie an die Freude, die es mit sich bringt, „Ja" zum Unbekannten zu sagen.

- Angst überwinden: „Ja" sagen, auch wenn man nervös ist

Zu neuen Erfahrungen „Ja" zu sagen, kann einschüchternd sein, insbesondere wenn es darum geht, die eigene Komfortzone zu verlassen. Die Angst zu versagen, dumm auszusehen oder Fehler zu machen, kann den ersten Schritt erschweren. Aber hier ist die Sache: Wachstum findet nie statt, wenn wir auf Nummer sicher gehen. Die besten Erlebnisse sind normalerweise diejenigen, die uns am meisten Angst machen.

Wenn Sie und Ihr Partner sich für neue Erfahrungen entscheiden, ist es wichtig zu erkennen, dass wahrscheinlich Angst vorhanden ist. Diese Nervosität ist Teil der Reise. Entscheidend ist jedoch, wie Sie auf diese Angst reagieren. Anstatt sich von der Angst beherrschen zu lassen, entscheiden Sie sich dafür, sie gemeinsam zu überwinden. Angesichts der Angst „Ja" zu sagen, schafft ein mutiges Band zwischen Ihnen und Ihrem Partner. Sie können sich gemeinsam dem Unbekannten stellen, und dieser gemeinsame Mut kann Ihre Beziehung tiefgreifend stärken.

Durch die gemeinsame Überwindung von Ängsten lernt man auch, sich gegenseitig in schwierigen Zeiten zu unterstützen. Wenn Sie sich gegenseitig ermutigen, trotz Ihrer Nervosität „Ja" zu sagen, schaffen Sie eine Kultur der gegenseitigen Unterstützung und des Vertrauens, die auch in den Höhen und Tiefen des Lebens bestehen bleibt.

- Sagen Sie „Ja" zum Leben

„Ja" zu neuen Erfahrungen zu sagen bedeutet nicht nur, etwas Neues auszuprobieren, um neu zu sein. Es geht darum, „Ja" zum Leben selbst zu sagen. Es geht darum, das Abenteuer, das Unbekannte und die Möglichkeit, die jede neue Erfahrung birgt, anzunehmen. Es geht darum, zusammenzuwachsen, Erinnerungen aufzubauen und die Verbindung zu Ihrem Partner zu stärken.

„Ja" zu sagen ist eine Einladung, voll und ganz zu leben. Es ist ein gegenseitiges Versprechen, den gegenwärtigen Moment und alle damit verbundenen Möglichkeiten anzunehmen. Wenn sich also das nächste Mal ein Abenteuer bietet, zögern Sie nicht: Sagen Sie „Ja" und lassen Sie die Magie sich entfalten. Ihre Beziehung wird es Ihnen danken.

Kapitel 8: Nicht urteilen

Im Zentrum jeder erfolgreichen Beziehung steht ein Grundprinzip: Akzeptanz. Wenn wir uns unseren Partnern öffnen, ohne vorschnell zu urteilen, schaffen wir einen Raum, in dem Verletzlichkeit gedeihen kann. Wir alle bringen Ballast, Macken und vergangene Erfahrungen mit, und wenn wir nicht urteilen, erlauben wir uns, einfach zu sein. Es ist ein kraftvoller Akt der Liebe, auf Freundlichkeit und Neugier statt auf Kritik zu stoßen.

- Die schädlichen Auswirkungen des Urteils

Das Urteil beginnt oft als subtile, instinktive Reaktion. Wir sehen etwas, das wir nicht verstehen, etwas, das uns auslöst, und ohne darüber nachzudenken, bilden wir uns eine Meinung. In Beziehungen tappt man leicht in die Falle, Urteile zu fällen, sei es darüber, wie sich unser Partner verhält, reagiert oder mit bestimmten Situationen umgeht. Mit der Zeit kann ein Urteilsvermögen jedoch die Bindung, die Sie teilen, untergraben. Es untergräbt das Vertrauen, erstickt die Kommunikation und schafft Distanz zwischen den Partnern.

Im Kern wurzelt das Urteil oft in Angst. Wenn wir jemanden verurteilen, haben wir entweder Angst vor etwas, das er repräsentiert, oder wir fühlen uns unwohl angesichts des Unterschieds, den wir zwischen ihm und uns wahrnehmen. Diese Angst kann sich auf subtile Weise manifestieren: Sie kritisieren Ihre Entscheidungen, zweifeln an Ihren Absichten oder versuchen sogar, Ihre Handlungen zu kontrollieren, weil wir denken, wir wüssten es besser. Und wenn wir in einer Beziehung sind, wirken sich diese Verhaltensweisen nicht nur auf die andere Person aus, sondern auf die gesamte Dynamik der Beziehung.

Denken Sie darüber nach: Wie oft beurteilen wir die Entscheidungen oder Gewohnheiten unseres Partners, sei es seine Karriere, sein Lebensstil oder seine Art, mit Stress umzugehen? Wir fühlen uns vielleicht frustriert, verwirrt oder sogar verletzt, aber wenn wir urteilen, übersehen wir die Komplexität dessen, wer sie sind. Wir schätzen ihre Perspektive, ihre Emotionen oder die Geschichte, die sie zu diesen Entscheidungen veranlasst hat, nicht ein. Je mehr Urteilsvermögen zur Gewohnheit wird, desto mehr trennen wir uns von der Person, die wir lieben.

Urteil kann sich auch in unserem inneren Dialog manifestieren. Wenn wir unseren Partner hart beurteilen, neigen wir dazu, uns selbst mit der gleichen Kritik zu beurteilen. Wir beginnen, unseren Wert an einem unmöglichen Maßstab zu messen und glauben, dass wir es nicht wert sind, geliebt zu werden, wenn wir nicht perfekt sind. Dieses Urteil wird zu einem Teufelskreis, der auf beiden Seiten Unsicherheit und Unmut erzeugt.

- Nichturteilen als Akt des Mitgefühls

Das Gegenmittel zum Urteil ist Mitgefühl. Anstatt voreilige Schlüsse zu ziehen oder das Schlimmste über unseren Partner anzunehmen, können wir Situationen mit Neugier und Freundlichkeit angehen. Nicht urteilen zu üben bedeutet, Raum zu schaffen, um zuzuhören, zu verstehen und Empathie statt Kritik zu zeigen. Es erfordert, dass wir unsere Denkweise von „Ich weiß, was das Beste ist" zu „Ich möchte Ihre Perspektive verstehen" ändern.

Wenn wir nicht urteilen, akzeptieren wir die Menschlichkeit unseres Partners. Wir erkennen ihre Fehler, ihre Unvollkommenheiten und ihre Schwachstellen an, ohne ihren Wert zu schmälern. Mitgefühl bedeutet zu erkennen, dass sich jeder auf seinem eigenen Weg befindet und dass wir alle Entscheidungen auf der Grundlage unserer Erfahrungen, Gefühle und Umstände treffen. Dieses Verständnis ermöglicht es uns, Herausforderungen mit offenem Herzen und nicht mit kritischem Blick anzugehen.

Stellen Sie sich zum Beispiel vor, dass Ihr Partner zu spät zum Abendessen kommt und Sie sich gereizt fühlen. Anstatt sie für ihre Nachlässigkeit oder Rücksichtslosigkeit zu verurteilen, fragen Sie sich: „Was könnte gerade mit ihnen passieren?" Vielleicht hatten sie einen harten Arbeitstag oder steckten im Stau fest. Die Praxis, nicht zu urteilen, hilft Ihnen, über die Oberfläche hinauszuschauen und Raum für Verständnis statt für Groll zu schaffen.

Beim Nicht-Urteilen in Beziehungen geht es darum, zu erkennen, dass die Gefühle, Entscheidungen und Verhaltensweisen Ihres Partners nicht „korrigiert" werden müssen. Sie müssen nur gehört werden. Indem Sie sich von der Notwendigkeit des Urteilens lösen, ermöglichen Sie Ihrem Partner, sich frei und authentisch auszudrücken. Dies gibt ihnen das Gefühl, sicher, wertgeschätzt und geliebt zu werden, so wie sie wirklich sind.

- **Die Kraft des Zuhörens ohne zu urteilen**

Eine der tiefgreifendsten Möglichkeiten, nicht zu urteilen, ist aktives, einfühlsames Zuhören. Das bedeutet, dass Sie Ihrem Partner nicht nur mit den Ohren, sondern auch mit dem Herzen zuhören. Wenn wir zuhören, ohne zu urteilen, schaffen wir einen emotionalen Raum, in dem sich unser Partner ausdrücken kann, ohne Angst vor Kritik oder Missverständnissen haben zu müssen. In diesem Raum kann wahre Intimität entstehen.

In vielen Beziehungen wird Zuhören zu einer Transaktion. Wir hören auf die Worte unseres

Partners, bereiten aber bereits unsere Antwort, unsere Verteidigung oder unseren Rat vor. Aber wenn wir unvoreingenommen zuhören, ohne analysieren oder korrigieren zu müssen, entwickeln wir ein Gefühl der Sicherheit und des Vertrauens. Unser Partner fühlt sich bestätigt, respektiert und ist eher bereit, sich zu öffnen.

Wenn Ihr Partner beispielsweise etwas Schwieriges mitteilt, anstatt sofort Lösungen anzubieten oder auf Mängel hinzuweisen, versuchen Sie einfach, seine Gefühle wiederzugeben. „Das klingt wirklich schwierig. „Ich kann verstehen, warum Sie frustriert sind." Diese Art der vorurteilsfreien Reaktion gibt Ihrem Partner nicht nur das Gefühl, gehört zu werden, sondern stärkt auch Ihre Bindung. Sie lassen sie wissen, dass ihre Gedanken und Gefühle wichtig sind und dass Sie ihre Perspektive schätzen.

Ohne Urteil zuzuhören bedeutet auch, Raum für Emotionen zu schaffen, die unangenehm oder herausfordernd sein können. Es ist in Ordnung, wenn die Gefühle Ihres Partners für Sie keinen Sinn ergeben oder Sie nicht wissen, wie Sie die Situation sofort in Ordnung bringen können. Was zählt, ist, sich zu zeigen, präsent zu sein und ihnen ein mitfühlendes Ohr zu bieten. Mit der Zeit wird dadurch eine tiefere emotionale Intimität entstehen, die über das bloße Lösen von Problemen hinausgeht.

- Die Kontrolle loslassen: Der Reise Ihres Partners vertrauen

Urteilsvermögen entsteht oft aus dem Wunsch heraus, die Ergebnisse zu kontrollieren und die Dinge in die Richtung zu lenken, die wir für richtig halten. Aber Kontrolle schafft keine Verbindung, sie erzeugt Reibung. Wenn wir nicht urteilen, können wir einen Schritt zurücktreten und der Reise unseres Partners vertrauen, auch wenn sie nicht mit unseren eigenen Erwartungen oder Zeitplänen übereinstimmt.

Das bedeutet nicht, dass wir mit allem einverstanden sind, was unser Partner tut, und es bedeutet auch nicht, dass wir ihn von jeglichem Verhalten befreien, das uns verletzt. Aber es bedeutet, ihnen die Freiheit zu geben, ihre eigenen Entscheidungen zu treffen, ohne ständig versuchen zu müssen, sie zu ändern. Es bedeutet zu erkennen, dass Ihre Fehler, Ihre Mängel und Ihr Wachstum Teil Ihres eigenen Weges sind und dass Sie sie nicht korrigieren müssen, um sie voll und ganz zu lieben.

Wenn Ihr Partner beispielsweise mit einer persönlichen Herausforderung zu kämpfen hat, bedeutet die Praxis, nicht zu urteilen, Ihre Unterstützung anzubieten, ohne ihm Ihre Lösungen aufzuzwingen. Anstatt unaufgefordert Ratschläge zu geben oder zu versuchen, sie in eine andere Richtung zu lenken, können Sie fragen: „Wie kann ich Sie jetzt unterstützen?" Dieser Ansatz fördert das Vertrauen und gibt Ihrem Partner das Gefühl, dass er die Kontrolle über sein eigenes Wachstum hat und dass Sie da sind, um ihn zu unterstützen, und nicht, ihn zu verurteilen oder zu leiten.

Wenn Sie das Bedürfnis nach Kontrolle loslassen, fühlt sich Ihr Partner in der Beziehung sicherer. Sie haben die Freiheit, sie selbst zu sein, in dem Wissen, dass sie geliebt und akzeptiert werden, egal was passiert.

- Nicht-Urteilen als Weg zu einer tieferen Verbindung

Letztendlich ist die Praxis, nicht zu urteilen, eines der wirkungsvollsten Werkzeuge, um eine tiefere, innigere Verbindung herzustellen. Es eröffnet beiden Partnern den Raum, verletzlich, ehrlich und authentisch zu sein. Wenn wir aufhören zu urteilen, geben wir uns (und unserem Partner) die Freiheit, uns so zu zeigen, wie wir wirklich sind.

Nicht zu urteilen bedeutet nicht, Konflikte zu vermeiden oder so zu tun, als sei immer alles in Ordnung. Es bedeutet, Herausforderungen mit Offenheit, Respekt und Empathie anzugehen. Es bedeutet, schwierige Gespräche zu führen, ohne auf Vorwürfe oder Kritik zurückzugreifen und sich stattdessen darauf zu konzentrieren, die Gefühle und Perspektiven anderer zu verstehen.

Es bedeutet auch zu akzeptieren, dass die Fehler und Unvollkommenheiten Ihres Partners ihn nicht definieren. Sie sind komplexe, vielschichtige Menschen, die genau wie Sie Liebe und Respekt verdienen. Wenn Sie nicht urteilen, schaffen Sie eine Grundlage aus Vertrauen, Mitgefühl und emotionaler Sicherheit, die es Ihrer Beziehung ermöglicht, mit jedem Tag stärker zu werden.

- Mangelndes Urteilsvermögen in die Praxis umsetzen

Der Schlüssel zur Praxis des Nicht-Urteilens ist Bewusstsein. Beginnen Sie damit, zu bemerken, wann ein Urteil entsteht, und entscheiden Sie sich, anders zu reagieren. Es geht darum, innezuhalten, bevor man reagiert, tief durchzuatmen und sich zu fragen, ob die erste Reaktion hilfreich oder notwendig ist.

Es geht auch darum, in Ihrer Beziehung eine Kultur der Urteilslosigkeit zu schaffen. Das bedeutet, Ihren Partner zu ermutigen, sich frei zu äußern, ohne Angst vor Kritik zu haben. Es bedeutet, sich bewusst anzustrengen, zuzuhören, ohne zu unterbrechen oder zu korrigieren. Und es bedeutet zu erkennen, dass unsere Beziehung umso mehr zu einem Raum des Wachstums, der Verbindung und der bedingungslosen Liebe wird, je mehr wir uns in der Nicht-Urteilspraxis üben.

Kapitel 9: Konfliktlösung durch Offenheit

Seien wir ehrlich: Jede Beziehung, egal wie stark, wird auf Konflikte stoßen. Ob es sich um eine kleine Meinungsverschiedenheit oder einen größeren, emotionalen Konflikt handelt, Konflikte sind ein unvermeidlicher Teil menschlicher Beziehungen. Aber was wäre, wenn ich Ihnen sagen würde, dass die Lösung von Konflikten nicht darin besteht, sie zu vermeiden oder zu hoffen, dass sie von selbst verschwinden? Der Schlüssel zur Konfliktlösung liegt nicht darin, dafür zu kämpfen, „richtig" zu sein, sondern darin, Konflikte mit Offenheit, Verletzlichkeit und dem echten Wunsch, einander zu verstehen, anzugehen. In diesem Kapitel werden wir untersuchen, wie das Üben von Offenheit in Konfliktzeiten die Art und Weise, wie Sie mit Meinungsverschiedenheiten umgehen, verändern und zum Aufbau stärkerer, widerstandsfähigerer Beziehungen beitragen kann.

- Konflikte und ihre Rolle in Beziehungen verstehen

Konflikte sind nicht grundsätzlich schlecht. Tatsächlich kann es ein wirkungsvolles Wachstumsinstrument sein, wenn man es richtig angeht. In Beziehungen können Konflikte als Spiegel fungieren und Bereiche widerspiegeln, in denen Kommunikation, Grenzen oder Erwartungen angegangen werden müssen. Im Zentrum jedes Konflikts steht die Möglichkeit, das Verständnis zu stärken, die Verbindung zu vertiefen und als Paar zusammenzuwachsen.

Das Problem entsteht, wenn Konflikte schlecht gehandhabt werden. Es zu vermeiden, Emotionen zu unterdrücken oder daraus einen umfassenden Kampf zu machen, kann mehr schaden als nützen. Wenn die Emotionen hoch sind und wir uns defensiv fühlen, greifen wir oft auf destruktive Verhaltensweisen wie Schuldzuweisungen, Beschimpfungen oder völliges Abschalten zurück. Aber Konflikte müssen sich nicht wie ein Kriegsgebiet anfühlen. Wenn man offen an die Sache herangeht, wird sie zu einer Gelegenheit, aufmerksam zuzuhören, ehrlich zu sprechen und Lösungen zu finden, die für beide Partner funktionieren.

- Offenheit als Grundlage für eine gesunde Konfliktlösung

Offenheit ist nicht nur eine Eigenschaft, sie ist eine Art zu sein. Es geht darum, verletzlich genug zu sein, um Ihre Gefühle und Gedanken mitzuteilen, ohne Angst haben zu müssen, beurteilt oder abgelehnt zu werden. Bei der Konfliktlösung bedeutet Offenheit, bereit zu sein, sich die Sichtweise des Partners anzuhören, ohne die eigene Sichtweise sofort zu verteidigen. Es geht darum, jeden Konflikt mit der Absicht anzugehen, eine Lösung zu finden, und nicht, den Streit zu gewinnen.

Wenn wir offen für Konflikte sind, lassen wir das Bedürfnis los, Recht zu haben. Stattdessen konzentrieren wir uns darauf, die Emotionen, Motivationen und Bedürfnisse anderer zu verstehen. Dieser Ansatz schafft einen Raum, in dem sich beide Partner sicher fühlen, sich auszudrücken, ohne Angst haben zu müssen, angegriffen oder entwertet zu werden. Das

Ergebnis ist ein konstruktiveres Gespräch, in dem beide Seiten gehört werden und Lösungen gefunden werden können.

Stellen Sie sich das folgende Szenario vor: Sie und Ihr Partner sind sich nicht einig darüber, wie Sie das Wochenende verbringen sollen. Sie möchten einen ruhigen Tag zu Hause verbringen, während Ihr Partner die Stadt erkunden möchte. Anstatt in die Defensive zu gehen oder die Wünsche des anderen abzutun, könnten Sie einen offenen Ansatz wählen und sich anhören, warum jeder von Ihnen so empfindet wie er. Vielleicht möchten Sie zu Hause bleiben, weil Sie sich erschöpft fühlen und Ruhe brauchen, während Ihr Partner ausgehen möchte, weil er sich nach Abenteuern und Spontaneität sehnt. Wenn Sie sich diesen zugrunde liegenden Emotionen öffnen, können Sie einen Kompromiss finden, der beiden Bedürfnissen gerecht wird: Vielleicht verbringen Sie den halben Tag zu Hause und erkunden die andere Hälfte gemeinsam durch die Stadt.

Diese Offenheit hilft nicht nur, den aktuellen Konflikt zu lösen, sondern stärkt auch das Fundament Ihrer Beziehung. Wenn beide Partner das Gefühl haben, gesehen, gehört und verstanden zu werden, vertiefen sich das Vertrauen und die emotionale Intimität, sodass künftige Konflikte leichter auf die gleiche Weise gelöst werden können.

- Hören Sie mit Einfühlungsvermögen und ohne zu urteilen zu

Einer der wichtigsten Aspekte der offenen Konfliktlösung ist das Zuhören; nicht nur zuhören, sondern aktiv mit Empathie zuhören. Es ist leicht, sich während eines Streits in der eigenen Perspektive zu verlieren, besonders wenn die Emotionen hochkochen. Um mit Empathie zuzuhören, müssen wir jedoch aus unserem eigenen Blickwinkel heraustreten und versuchen zu verstehen, woher unser Partner kommt, ohne sofort zu reagieren oder zu urteilen.

Wenn wir mit Einfühlungsvermögen zuhören, öffnen wir die Tür zu tieferem Verständnis. Wir erkennen die Gefühle unseres Partners an und bestätigen seine Erfahrungen, auch wenn wir damit nicht einverstanden sind. Diese Bestätigung bedeutet nicht, dass wir nachgeben oder nachgeben; Vielmehr zeigt es, dass wir die Gefühle unseres Partners respektieren und bereit sind, seiner Perspektive im Gespräch Raum zu geben.

Wenn Ihr Partner beispielsweise über etwas, das Sie getan haben, verärgert ist, anstatt sich zu verteidigen, versuchen Sie, ihm seine Gefühle mitzuteilen. Man könnte sagen: „Ich habe gehört, dass Sie sehr verärgert sind, weil Sie sich ignoriert gefühlt haben, als ich Sie nicht nach Ihrer Meinung zu dieser Entscheidung gefragt habe. „Ich kann mir vorstellen, dass das wehtun würde." Diese einfache Anerkennung trägt wesentlich dazu bei, Spannungen abzubauen und Ihrem Partner Raum zu geben, sich gehört und verstanden zu fühlen.

Es ist auch wichtig, zuzuhören, ohne zu urteilen. Urteilsvermögen schafft eine Barriere zwischen Ihnen und Ihrem Partner und macht es schwieriger, eine gemeinsame Basis zu finden. Indem Sie Konflikte mit einer vorurteilsfreien Haltung angehen, beseitigen Sie diese Barriere und öffnen sich für die Zusammenarbeit. Selbst wenn Sie mit den Handlungen oder Gefühlen Ihres Partners nicht einverstanden sind, können

Sie durch die Ausübung von Empathie den Konflikt aus seiner Perspektive betrachten und auf eine Weise reagieren, die die Verbindung und nicht die Spaltung fördert.

- **Drücken Sie Ihre eigenen Gefühle offen aus**

Während einfühlsames Zuhören unerlässlich ist, ist es ebenso wichtig, während eines Konflikts die eigenen Gefühle offen auszudrücken. Offenheit in der Kommunikation bedeutet, Ihre Gedanken und Gefühle ehrlich zu teilen, ohne sich zurückzuhalten oder Dinge zurückzuhalten. Es geht darum, verletzlich zu sein und darauf zu vertrauen, dass Ihr Partner Ihnen mit Respekt und Verständnis zuhört.

Wenn wir während eines Konflikts unsere Gefühle unterdrücken, lassen wir Raum für Missverständnisse und Annahmen. Unser Partner erkennt möglicherweise nicht einmal, warum wir verärgert sind oder was wir von ihm brauchen. Aber wenn wir uns klar und offen ausdrücken, geben wir unserem Partner die Möglichkeit, uns besser zu verstehen, was den Weg für eine Lösung ebnet.

Nehmen Sie zum Beispiel eine Situation, in der Ihr Partner abgelenkt war und Ihnen in letzter Zeit nicht viel Aufmerksamkeit schenkte. Anstatt Groll aufkommen zu lassen, versuchen Sie, Ihre Gefühle ehrlich zum Ausdruck zu bringen: „Ich fühle mich in letzter Zeit etwas unverbunden, weil wir nicht so viel Zeit miteinander verbracht haben. „Ich vermisse die Nähe, die wir früher hatten." Diese Aussage ist nicht anklagend, sondern teilt vielmehr Ihre Gefühle auf eine Art und Weise, die zu Gesprächen einlädt, statt Konflikte eskalieren zu lassen.

Offenheit bedeutet nicht, allen Frustrationen oder allen negativen Emotionen Luft zu machen. Es geht darum, so ehrlich zu sein, dass Verständnis und Lösungsfindung gefördert werden. Wenn beide Partner das Gefühl haben, ihre Gefühle ohne Angst vor Urteilen oder Vergeltungsmaßnahmen mitzuteilen, wird die Konfliktlösung eher zu einem gemeinschaftlichen als zu einem kämpferischen Prozess.

- Bleiben Sie in Momenten großer Emotionen ruhig und offen

Es ist leicht, unseren Emotionen die Kontrolle zu überlassen, wenn wir uns mitten in einer Meinungsverschiedenheit befinden. Wut, Frustration und Schmerz können unser Urteilsvermögen trüben und es schwierig machen, offen und empfänglich zu bleiben. Aber der Schlüssel zur offenen Lösung von Konflikten liegt darin, zu lernen, auch in den intensivsten Momenten ruhig und präsent zu bleiben.

Wenn die Emotionen hochkochen, ist es wichtig, einen Schritt zurückzutreten und sich und Ihrem Partner etwas Raum zur Ruhe zu geben. Das bedeutet nicht, das Gespräch zu meiden oder emotional abzuschalten. Es bedeutet, innezuhalten, um Ihre Gedanken zu sammeln, Ihre Emotionen zu regulieren und die Situation aus einem Blickwinkel der Klarheit und nicht der Reaktion heraus anzugehen. Sie könnten sagen: „Ich brauche ein paar Minuten, um mich zu beruhigen, bevor ich mit diesem Gespräch fortfahre." Können wir in 10 Minuten darauf zurückkommen?

Wenn Sie ruhig bleiben, können Sie Konflikte vernünftig angehen und stellen sicher, dass Sie offen und nicht defensiv reagieren. Je mehr Sie üben, in Momenten hoher Emotionen ruhig zu bleiben, desto einfacher wird es, einen sicheren Raum für die Konfliktlösung zu schaffen, der nicht zu einem Streit führt.

- Finden Sie Kompromisse und arbeiten Sie gemeinsam an Lösungen

Letztendlich ist das Ziel der Konfliktlösung nicht, zu „gewinnen", sondern eine Lösung zu finden, die für beide Partner funktioniert. Wenn Sie Konflikte offen angehen, ist es wahrscheinlicher, dass Sie die Situation aus der Sicht Ihres Partners betrachten, was es einfacher macht, gemeinsam an einer Lösung zu arbeiten, die Sie beide zufriedenstellt.

Dabei kann es sich um einen Kompromiss handeln, der Flexibilität und die Bereitschaft erfordert, einen Mittelweg zu finden. Engagement bedeutet nicht, seine Werte oder Bedürfnisse aufzugeben; Es bedeutet, einen Mittelweg zu finden, bei dem die Bedürfnisse beider Partner respektiert und berücksichtigt werden.

Offenheit ist der Schlüssel, um Konflikte in eine Chance für Wachstum zu verwandeln. Indem Sie einfühlsam zuhören, sich ehrlich äußern, ruhig bleiben und gemeinsam nach Lösungen suchen, können Sie den Konflikt auf eine Weise lösen, die Ihre Beziehung stärkt. Wenn Konflikte offen angesprochen werden, zerstören sie Beziehungen nicht: Sie bringen sie näher zusammen und schaffen tieferes Verständnis, Vertrauen und Verbindungen. Indem Sie Offenheit üben, schaffen Sie die Voraussetzungen für eine gesunde, produktive Konfliktlösung, die zum Gedeihen Ihrer Beziehung beiträgt.

Kapitel 10: Wachstum durch gegenseitige Unterstützung

In einer Beziehung geht es nicht nur darum, dass zwei Menschen Raum, Liebe und Erinnerungen teilen. Es geht darum, sich gegenseitig durch die Wendungen des Lebens zu unterstützen, gemeinsam an Herausforderungen zu wachsen und sich gegenseitig zu ermutigen, während Sie beide die beste Version Ihrer selbst werden. Einer der stärksten Aspekte einer dauerhaften Beziehung ist die Fähigkeit, sich gegenseitig emotional, mental und sogar körperlich zu unterstützen. In diesem Kapitel wird untersucht, wie Wachstum durch gegenseitige Unterstützung Ihre Bindung stärkt und Ihnen und Ihrem Partner dabei hilft, gemeinsam die Höhen und Tiefen des Lebens zu meistern und nicht nur bessere Menschen, sondern auch ein besseres „Wir" zu werden.

In einer Welt, in der oft der individuelle Erfolg im Vordergrund steht, kann die Idee der gegenseitigen Unterstützung in einer Beziehung manchmal kontraintuitiv erscheinen. Doch gerade durch diese Unterstützung – sich gegenseitig dabei zu helfen, neue Höhen zu erreichen – finden sie ihre authentischste Verbindung. Betrachten Sie gegenseitige Unterstützung nicht als Pflicht, sondern als Geschenk. Es geht darum, jemanden an Ihrer Seite zu haben, der wirklich möchte, dass Sie aufblühen, der Ihre Siege feiert und der Ihnen auch dabei hilft, die Scherben wieder zusammenzuholen, wenn die Dinge auseinanderfallen.

- **Wie wichtig es ist, füreinander da zu sein**

Im Wesentlichen ist gegenseitige Unterstützung der Akt der Unterstützung eines anderen, nicht nur dann, wenn es einfach ist, sondern insbesondere dann, wenn es schwierig ist. In den ersten Tagen einer Beziehung ist es aufgrund der Aufregung und Freude einer neuen Liebe oft einfach, unterstützend zu sein. Doch mit der Zeit bringt das Leben Hindernisse mit sich: Jobs ändern sich, Familien entstehen und unerwartete Herausforderungen tauchen auf. Der wahre Test einer Beziehung liegt darin, wie Sie sich in diesen schwierigen Zeiten gegenseitig unterstützen.

Bei gegenseitiger Unterstützung geht es darum, da zu sein, in guten wie in schlechten Zeiten. Es geht darum, aktiv am Leben Ihres Partners teilzunehmen, ihn anzufeuern, wenn er Erfolg hat, und ihn zu unterstützen, wenn er stolpert. Das bedeutet mehr als nur ermutigende Worte; Es bedeutet, Ihre Zeit, Energie und Präsenz anzubieten.

Stellen Sie sich eine Situation vor, in der Ihr Partner eine schwierige Zeit bei der Arbeit hat. Vielleicht haben sie negative Kommentare erhalten oder fühlen sich von ihrer Verantwortung überfordert. Anstatt ihn zu ignorieren oder frustriert zu werden, bieten Sie ihm an, ohne Urteil zuzuhören. Erkennen Sie ihre Gefühle an und bestätigen Sie ihre Erfahrungen. Dieser einfache Akt, da zu sein, wirklich zuzuhören und emotional verfügbar zu sein, kann eine enorme Unterstützung sein.

Die Kraft der gegenseitigen Unterstützung liegt in ihrer Beständigkeit. Es geht nicht nur um die großen Gesten oder die großen Momente des

Triumphs; Es handelt sich um tägliche Unterstützung, die sich im Laufe der Zeit ansammelt. Es sind die kleinen freundlichen Gesten, die stille Ermutigung und die gemeinsamen Momente der Verletzlichkeit, die Ihnen beiden helfen, zu wachsen.

- Gemeinsam emotionale Belastbarkeit aufbauen

Emotionale Belastbarkeit (die Fähigkeit, sich aus Widrigkeiten zu erholen) ist eine der größten Gaben, die Sie als Paar gemeinsam kultivieren können. Das Leben wird unweigerlich Herausforderungen mit sich bringen, aber wie Sie als Team damit umgehen, kann Sie entweder trennen oder einander näher bringen.

Wenn Sie sich in schwierigen Zeiten gegenseitig unterstützen, helfen Sie nicht nur Ihrem Partner bei der Heilung und dem Wachstum, sondern stärken auch Ihre eigene emotionale Widerstandsfähigkeit. Angesichts der unvermeidlichen Rückschläge im Leben, sei es persönlicher Verlust, finanzieller Stress oder die Herausforderungen der Kindererziehung, lernt man, diese schwierigen Zeiten Hand in Hand zu meistern. Anstatt zuzulassen, dass diese Stressfaktoren einen Keil zwischen Sie treiben, schafft gegenseitige Unterstützung eine einheitliche Front, die Ihnen hilft, durchzuhalten und zu wachsen.

Der Aufbau emotionaler Widerstandsfähigkeit durch gegenseitige Unterstützung erfordert ein Gleichgewicht zwischen Geben und Nehmen. Manchmal braucht ein Partner mehr Unterstützung, manchmal sind die Rollen vertauscht. Es ist wichtig zu erkennen, wann Ihr Partner Probleme hat und wann Sie emotionale Unterstützung leisten müssen. Ebenso wichtig ist es zu wissen, wann Sie sich auf Ihren Partner stützen sollten, wenn Sie sich verletzlich oder erschöpft fühlen.

Ein wichtiger Teil davon ist das Üben von Empathie: wirklich zu verstehen, was Ihr Partner fühlt, und ihm Trost zu spenden, ohne sich zu beeilen, die Situation in Ordnung zu bringen. Sie suchen nicht immer nach Lösungen; Oft reicht es aus, einfach da zu sein, um seinen Emotionen Raum zu geben, um Wachstum und Heilung zu fördern.

Wenn sich Ihr Partner beispielsweise in einer beruflichen Umstellung befindet, kann es sein, dass er sich unsicher oder besorgt über seine Zukunft fühlt. Aufmunternde Worte sind hilfreich, aber auch praktische Hilfe, sei es durch die Durchsicht des Lebenslaufs oder einfach durch die Bereitstellung eines sicheren Raums zum Auslassen, kann einen großen Beitrag zur Stärkung der Widerstandsfähigkeit leisten. Im Gegenzug stärkt Ihre Unterstützung Ihre eigene emotionale Stärke und hilft Ihnen beiden, ein tieferes Vertrauens- und Verständnisverhältnis aufzubauen.

- **Wir feiern das gegenseitige Wachstum**

Einer der lohnendsten Aspekte einer unterstützenden Beziehung besteht darin, zu sehen, wie man wächst, sich weiterentwickelt und erfolgreich ist. Bei gegenseitiger Unterstützung geht es nicht nur darum, schwierige Zeiten zu überstehen, sondern auch darum, die größte Anfeuerungskraft Ihres Partners zu sein, wenn es ihm gut geht. Es geht darum, Ihre Erfolge zu feiern, Ihre harte Arbeit anzuerkennen und die Freude über Ihren Erfolg zu teilen.

Unterstützung bedeutet nicht nur, Ihrem Partner zu helfen, wenn er Schwierigkeiten hat, sondern ihn auch zu ermutigen, seine Träume zu verwirklichen und seine Ziele zu verfolgen. Es ist leicht, dass sich Eifersucht oder Konkurrenz einschleichen, wenn ein Paar etwas Wichtiges erreicht, aber echte Unterstützung bedeutet, sie bei jedem Schritt auf dem Weg zu unterstützen. Diese Feier des gegenseitigen Wachstums stärkt die emotionale Bindung und schafft ein Gefühl gemeinsamer Ziele und Erfolge.

Denken Sie an eine Situation, in der Ihr Partner befördert wird oder ein persönliches Ziel erreicht. Anstatt sich bedroht oder überschattet zu fühlen, nutzen Sie die Gelegenheit, sie wirklich zu feiern. Bringen Sie Ihren Stolz zum Ausdruck, gratulieren Sie ihnen und denken Sie darüber nach, wie weit sie gekommen sind. Dies vertieft nicht nur Ihre Verbindung, sondern trägt auch dazu bei, eine Kultur der Positivität und Ermutigung in der Beziehung zu schaffen.

Wenn Sie derjenige sind, der etwas erreicht, nutzen Sie auch die Gelegenheit, diese Freude mit Ihrem Partner zu teilen. Lassen Sie sich von ihnen feiern und seien Sie offen für ihre Unterstützung und Bewunderung. Indem Sie die Erfolge aller feiern, egal wie groß oder klein, schaffen Sie ein Umfeld, in dem Wachstum nicht nur möglich, sondern unvermeidlich ist.

- Aufbau einer gleichberechtigten und unterstützenden Partnerschaft

Gegenseitige Unterstützung gedeiht in einer Beziehung, in der beide Partner gleichermaßen am Wohlergehen und Erfolg des anderen interessiert sind. Es ist wichtig, eine ausgeglichene Dynamik aufrechtzuerhalten, in der sich keiner von Ihnen vernachlässigt oder herabgesetzt fühlt. Dieses Gleichgewicht wird erreicht, indem sichergestellt wird, dass die Unterstützung frei und ohne Erwartungen erfolgt und in beide Richtungen fließt.

In Beziehungen, in denen eine Person die meiste Unterstützung leistet, kann sich im Laufe der Zeit Unmut aufbauen, der zu einem Ungleichgewicht führt, das das Vertrauen untergräbt. Es ist wichtig, dass beide Partner eine aktive Rolle bei der Bereitstellung von Unterstützung übernehmen. Dies bedeutet nicht, dass beide Personen gleichzeitig die gleiche Art von Unterstützung leisten sollten; Es geht darum, auf die Bedürfnisse des anderen einzugehen und entsprechend zu reagieren.

Der Aufbau einer gleichberechtigten Partnerschaft erfordert eine offene Kommunikation darüber, was jeder Einzelne an emotionaler, mentaler und praktischer Unterstützung braucht. Für einige bedeutet Unterstützung möglicherweise, ihnen zuzuhören, während es für andere bedeutet, zusätzliche Verantwortung zu Hause zu übernehmen. Indem Sie diese Bedürfnisse offen und ehrlich besprechen, stellen Sie sicher, dass sich beide Partner gleichermaßen unterstützt, wertgeschätzt und geschätzt fühlen.

Gegenseitige Unterstützung fördert ein Gefühl der Teamarbeit, das es beiden ermöglicht, sich zu entfalten und ein gesundes Umfeld zu schaffen, in dem jeder Partner die Kraft hat, seine Ziele zu verfolgen und seine Hindernisse zu überwinden.

Diese gegenseitige Investition in das gegenseitige Wachstum ist die Grundlage für eine dauerhafte und erfüllende Beziehung.

- Fazit: Die Kraft des Zusammenwachsens

Denken Sie beim Nachdenken über den Weg der gegenseitigen Unterstützung daran, dass Wachstum nicht nur eine individuelle, sondern eine gemeinsame Erfahrung ist. Durch gegenseitige Unterstützung können Sie und Ihr Partner jeden Sturm überstehen, jeden Erfolg feiern und gemeinsam eine reichere, erfüllendere und widerstandsfähigere Zukunft aufbauen. Bei diesem Prozess des Zusammenwachsens geht es nicht nur darum, Herausforderungen zu meistern; es geht darum, durch sie stärker zu werden.

Denn gegenseitige Unterstützung ist ein Geschenk, das beide Partner gleichermaßen geben und empfangen. Es ist die stille Kraft hinter jeder Beziehung, die es beiden Menschen ermöglicht, zu gedeihen, nicht trotz des anderen, sondern wegen des anderen. Wenn Sie sich gegenseitig mit Freundlichkeit, Empathie und Großzügigkeit unterstützen, pflegen Sie eine

Partnerschaft, in der Liebe und Wachstum gedeihen können.

Diese gemeinsame Reise des Wachstums durch gegenseitige Unterstützung wird Ihre Beziehung über die Höhen und Tiefen des Lebens hinweg aufrechterhalten. Es wird Sie mit der Art von Verbindung vereinen, die nicht in Perfektion, sondern in der schönen, chaotischen, transformierenden Kraft der Liebe wurzelt. Gemeinsam werdet ihr aufsteigen und so eine unzertrennliche Verbindung schaffen.